Klaus le Vrang

# Der Kriminalfall

# Charlotte Ursinus

## Die Mordanschläge der Geheimrätin

Verlag: BoD • Books on Demand GmbH, In de Tarpen 42,
22848 Norderstedt

Druck: Libri Plureos GmbH, Friedensallee 273, 22763 Hamburg

ISBN: 978-3-7597-9639-4

# Inhaltsverzeichnis


Vorwort . . . . . . . . . . . . . . . . . . . . . . . . . . . 5

Einleitung . . . . . . . . . . . . . . . . . . . . . . . . . 7

Teil 1: Die Zeit bis zum Urteil . . . . . . . . . . . . . 11

Benjamin Klein . . . . . . . . . . . . . . . . . . . 11

Die Ermittlungen . . . . . . . . . . . . . . . . . . 14

Die Kindheit und Jugend der Ursinus . . . . . . . . . . 16

Die Heirat . . . . . . . . . . . . . . . . . . . . . 21

Die Ehe der Ursinus und der Liebhaber Ragay . . . . . . . 26

Der Tod des Ehemannes Theodor Ursinus . . . . . . . . 32

Der Tod der Erbtante Christiane Witte . . . . . . . . . 34

Die Exhumierungen . . . . . . . . . . . . . . . . . 39

Die Obduktionsergebnisse . . . . . . . . . . . . . . 44

Das Gutachten des Arztes Heim . . . . . . . . . . . . 49

Einige rechtliche und rechtsgeschichtliche Anmerkungen . 56

Die Giftanschläge auf Benjamin Klein . . . . . . . . . 62

Das Gerichtsverfahren 1. Instanz . . . . . . . . . . . . 63

1. Ragay . . . . . . . . . . . . . . . . . . . . . . 63

2. Theodor Ursinus . . . . . . . . . . . . . . . . . 63

3. Christiane Witte . . . . . . . . . . . . . . . . . 68

Das Gerichtsverfahren der 2. Instanz . . . . . . . . . . 87

Gutachten . . . . . . . . . . . . . . . . . . . . . 88

Ein „Schriftsatz" der Ursinus . . . . . . . . . . . . . 90

Das Urteil . . . . . . . . . . . . . . . . . . . . . .102

Teil 2: Die Zeit nach dem Urteil . . . . . . . . . . . . .105

1803 . . . . . . . . . . . . . . . . . . . . . . . . . . .106

1804  (1. Jahr der Gefangenschaft) . . . . . . . . . . .107

1805 (2. Jahr der Gefangenschaft) . . . . . . . . . . . .127

1806 (3. Jahr der Gefangenschaft) . . . . . . . . . . . .128

1807 (4. Jahr der Gefangenschaft) . . . . . . . . . . . .129

1808 (5. Jahr der Gefangenschaft) . . . . . . . . . . . . . . . . . . . . . 129

1809 (6. Jahr der Gefangenschaft) . . . . . . . . . . . . . . . . . . . . . 130

1810 (7. Jahr der Gefangenschaft) . . . . . . . . . . . . . . . . . . . . . 135

1811 (8. Jahr der Gefangenschaft) . . . . . . . . . . . . . . . . . . . . . 135

1812 (9. Jahr der Gefangenschaft) . . . . . . . . . . . . . . . . . . . . . 136

1813 (10. Jahr der Gefangenschaft) . . . . . . . . . . . . . . . . . . . . 142

1814 (11. Jahr der Gefangenschaft) . . . . . . . . . . . . . . . . . . . . 143

1815 (12. Jahr der Gefangenschaft) . . . . . . . . . . . . . . . . . . . . 147

1816 (13. Jahr der Gefangenschaft) . . . . . . . . . . . . . . . . . . . . 147

1817 (14. Jahr der Gefangenschaft) . . . . . . . . . . . . . . . . . . . . 148

1818 (15. Jahr der Gefangenschaft) . . . . . . . . . . . . . . . . . . . . 149

1819 (16. Jahr der Gefangenschaft) . . . . . . . . . . . . . . . . . . . . 149

1820 (17. Jahr der Gefangenschaft) . . . . . . . . . . . . . . . . . . . . 151

1821 (18. Jahr der Gefangenschaft) . . . . . . . . . . . . . . . . . . . . 153

1822 (19. Jahr der Gefangenschaft) . . . . . . . . . . . . . . . . . . . . 154

1823 (20. Jahr der Gefangenschaft) . . . . . . . . . . . . . . . . . . . . 155

1824 (21. Jahr der Gefangenschaft) . . . . . . . . . . . . . . . . . . . . 163

1825 (22. Jahr der Gefangenschaft) . . . . . . . . . . . . . . . . . . . . 167

1826 (23. Jahr der Gefangenschaft) . . . . . . . . . . . . . . . . . . . . 168

1827 (24. Jahr der Gefangenschaft) . . . . . . . . . . . . . . . . . . . . 169

1828 (25. Jahr der Gefangenschaft) . . . . . . . . . . . . . . . . . . . . 169

Nach 1828 . . . . . . . . . . . . . . . . . . . . . . . . . . . . . . . . . . . 179

Nachwort . . . . . . . . . . . . . . . . . . . . . . . . . . . . . . . . . . . 189

Danksagung . . . . . . . . . . . . . . . . . . . . . . . . . . . . . . . . . . 191

Literaturverzeichnis . . . . . . . . . . . . . . . . . . . . . . . . . . . . . 192

# Vorwort

Über Charlotte Ursinus gibt es einiges an Literatur - schließlich war ihre Person vor etwas über 200 Jahren wochenlang das Stadtgespräch in Berlin. Ein Thema, in dem „sex and crime" zusammenflossen - schon damals, wie auch heute noch, ein dankbarer Publikumsmagnet.

Einige Bücher über sie behandelten das Thema nicht nur oberflächlich. Aber die ausführlicheren Darstellungen sind inzwischen auch schon über 100 Jahre alt, und die Betrachtungsweise von damals ist für uns heute nicht so einfach nachvollziehbar. Zuviel damaliger Zeitgeist ist eingeflossen.

Ich möchte mit dem vorliegenden Buch die Ereignisse um Charlotte Ursinus durch die Brille der jetzigen Zeit sehen, wobei ich versuche, auch die Unterschiede zwischen damals und heute aufzuzeigen.

Dabei bin ich bestrebt, die Ereignisse nicht moralisierend darzustellen, mich wirklich an die Tatsachen zu halten und keine Wertungen abzugeben. Ich weiß, immer wird mir das nicht gelingen (die eine oder andere Anmerkung rutscht mir dann doch heraus), aber meine Absicht ist es, dem Leser freien Raum zu geben und Charlote Ursinus selbst kennenzulernen. Mit „Leser" ist immer jeder, der das Buch liest, gemeint, welchen Geschlechts auch immer.

Wenn ich damit erreiche, dass das Buch auf Interesse stößt (trotz der manchmal in ihrer alten Sprache schwer zu durchdringenden Zitate), und ich vielleicht sogar an manchen Stellen ein bisschen Neugier wecken kann, wäre mir das eine ganz besondere Freude.

Liebe Leser, tauchen Sie mit ein in das Berlin zur Zeit der Jahrhundertwende um 1800

Ihr Klaus le Vrang

# Einleitung

Charlotte Ursinus, geb. von Weiß steht bei mir im Familienstammbaum. Dieser Stammbaum umfasst allerdings auch entferntere Verwandte, und solchen ist Charlotte Ursinus zuzurechnen. Dennoch ist sie und bleibt sie eine Person im Stammbaum, und sie ist wahrlich nicht alltäglich (Gott sei Dank! Eine von dieser Art reicht).

Bei der Fragestellung, ob es genügend Material gibt, um ein ganzes Buch über sie zusammenzustellen, ergab die erste Suche nur zwei ernstzunehmende Literaturstellen.

Beide beschreiben „die Ursinus", die Giftmischerin. Und beide sind insoweit seriöse Quellen, als sie keine erdichteten Pseudofakten eingefügt haben, sondern sich ernsthaft darum bemüht haben, die Tatsachen zusammenzustellen. Aber beide sind über 150 Jahre alt. Und es ist auch nur zum Teil erkennbar, welche Quellen wiederum diese Bücher benutzt haben.

Ich habe aus beiden auch Textstellen zitiert. Dabei habe ich die damalige Diktion und Orthographie beibehalten, wie auch bei den anderen alten Quellen, auf die ich noch zu sprechen komme. Zum einen spiegelt das die Authentizität wider, und es ist nach meinem Gefühl auch unangemessen, die damalige Sprache auf unser heutiges Niveau anzupassen. Man täte ihr damit sehr unrecht. Was die „Rechtschreibung" anbelangt: Es gab damals ja noch gar keine. Es bestanden keine Regeln, diese kamen erst mit dem Duden, also deutlich später (erste Ausgabe 1880). Davor bestand die Freiheit, so zu schreiben, wie man es für richtig hielt, und diese bemerkenswerte Freiheit wollte ich bei den Zitaten beibehalten. Nur in einigen Aktenteilen habe ich behutsam eingegriffen. Zum Beispiel, wenn das Wort „wahr" ohne „h" geschrieben wurde und damit der Satz für uns heute erst einmal unverständlich wurde.

Die beiden oben genannten Bücher sind:

1.      C.F. Stephany „Charlotte Ursinus – die Giftmischerin" Enthüllung ihrer Lebenszüge und Schuld, Berlin 1866

Stephany war „Platzmajor", der in der letzten Phase der Festungshaft sozusagen der Gefängnisdirektor und zugleich offensichtlich für Charlotte Ursinus ein willkommener Gesprächspartner war. Stephany schrieb all das auf, was die Ursinus ihm so erzählte. Dabei nahm sich der Herr Major der Aufgabe an, mit all den Einzelheiten auch die Psyche seiner Gefangenen etwas zu durchleuchten. Spätestens hier allerdings wollte ich diese Teile nicht übernehmen. Und bei den anderen Abschnitten muss immer im Auge behalten werden, dass die Angaben von der Ursinus selbst stammten, und zwar sowohl die, die sie Stephany erzählte als auch die, die Stephany aus den Akten entnahm, denn auch dort stand ja das, was Ursinus bei ihrer Vernehmung ausgesagt hatte. Wobei ich noch eine Anmerkung machen möchte: Es irritiert mich etwas, dass in all den Akten des Geheimen Preußischen Staatsarchivs, die sich ausgiebigst auch mit der Zeit ihrer Haftstrafe auseinandersetzen, nirgendwo dieser Name „Stephany" auftaucht. Und auch das Erscheinungsjahr von 1866 (Charlotte verstarb 1832) ist eher ungewöhnlich. Dennoch habe ich mich entschlossen, das Buch von Stephany für bare Münze zu nehmen, es wirkt authentisch.

2.      Willibald Alexis und Julius Eduard Hitzig „Kriminalfälle des neuen Pitaval – eine Sammlung der interessantesten Criminalgeschichten aller Länder aus älterer und neuerer Zeit", Leipzig 1854

So „neu", wie der Titel suggeriert, ist diese Quelle nicht, sie stammt aus 1854, die verwendeten Fakten gründen sich auf die Gerichtsakten, wobei die Verfasser vielfach ihre eigenen Vermutungen (die oft sehr naheliegend waren) einfließen ließen.

Eher zufällig fand ich in „Preussische Staatsschriften aus der Regierungszeit König Friedrich II. 3. Band S. 478ff" Berlin 1892 die amtlichen Protokolle zu den „Vorfällen" zu Maximilan von Weingarten, dem Vater von Charlotte Ursinus.

Zudem habe ich die Gerichtsakten aus dem Geheimen Preußischen Staatsarchiv besorgt, dieses Archiv heißt zwar immer noch „geheim", ist aber natürlich heute öffentlich zugänglich. Dabei habe ich auch die Kopie der Privatakte des Königs zu dem Fall erhalten, eine Quelle, die Pitaval und Stephany zu ihrer Zeit nicht zur Verfügung stand. Inhalte der Akten sind zum Teil sinngemäß, zum Teil wörtlich in diesem Buch übernommen.

Einige Literatur der damaligen Zeit, insbesondere medizinischer Art, oder Auszüge aus den Gesetzbüchern des preußischen Landrechts sind ebenfalls eingeflossen.

Eine Anmerkung möchte ich noch machen: In all diesen Büchern und auch in den Akten wird, wenn von Charlotte Ursinus gesprochen wurde, sie immer nur „die Ursinus" genannt – diese Diktion habe ich weitgehend der Einfachheit halber übernommen.

Zur Struktur des Buches habe ich noch eine Anmerkung: In Teil 1 wird das Gerichtsverfahren dargestellt, die Ereignisse überschlagen sich fast, die Abläufe sind dynamisch. Im zweiten Teil hingegen versuche ich, die Festungshaft darzustellen, naturgemäß sind die Abläufe sehr viel geruhsamer (ja, es gab keine Ausbruchsversuche ...). Aber vielleicht gelingt es mir gerade in diesem zweiten Teil, den Charakter der Ursinus noch etwas zu verdeutlichen.

Für das weitere Verständnis mag es hilfreich sein, eine kurze Darstellung der Familienzusammenhänge in Form eines Stammbaumes aufzuzeigen.

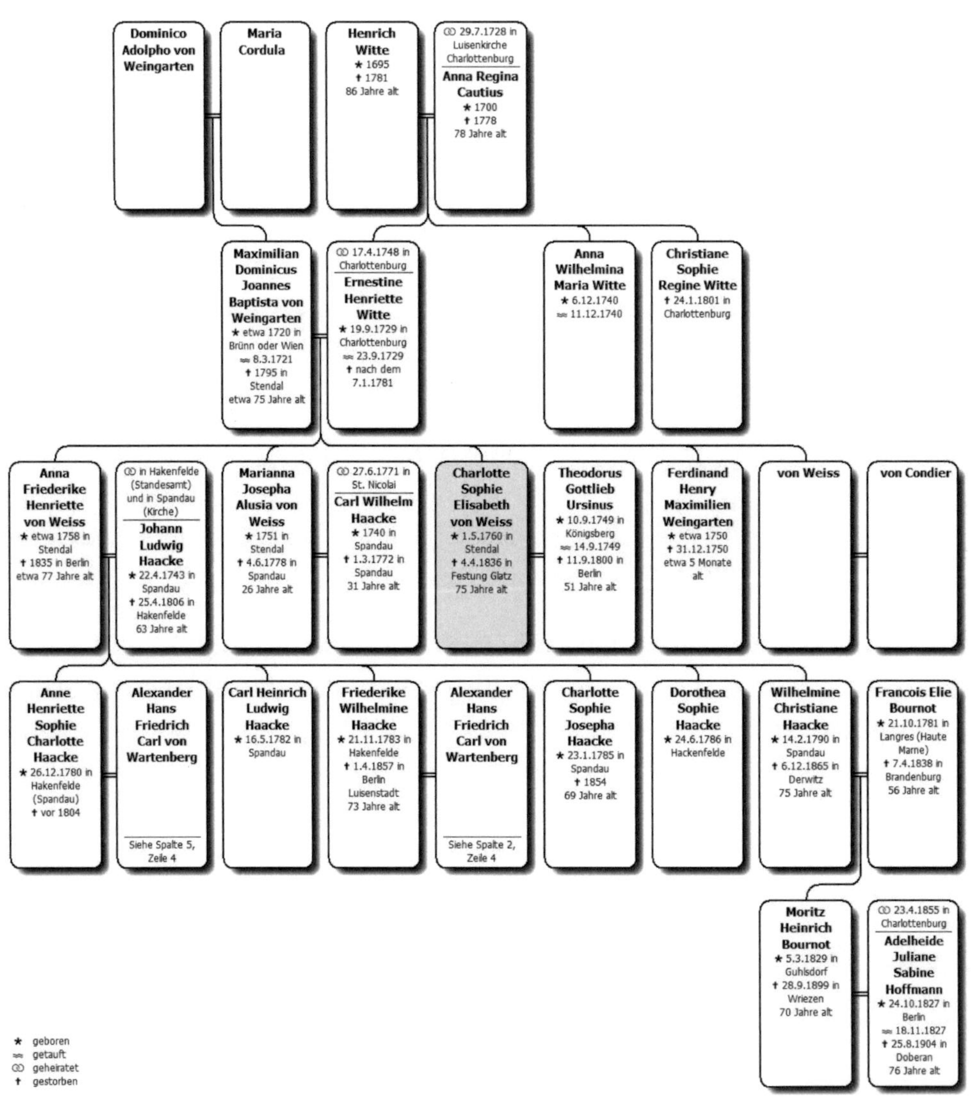


Dominico Adolpho von Weingarten

Maria Cordula

Henrich Witte
★ 1695
† 1781
86 Jahre alt

∞ 29.7.1728 in Luisenkirche Charlottenburg
Anna Regina Cautius
★ 1700
† 1778
78 Jahre alt

Maximilian Dominicus Joannes Baptista von Weingarten
★ etwa 1720 in Brünn oder Wien
≈ 8.3.1721
† 1795 in Stendal
etwa 75 Jahre alt

∞ 17.4.1748 in Charlottenburg
Ernestine Henriette Witte
★ 19.9.1729 in Charlottenburg
≈ 23.9.1729
† nach dem 7.1.1781

Anna Wilhelmina Maria Witte
★ 6.12.1740
≈ 11.12.1740

Christiane Sophie Regine Witte
† 24.1.1801 in Charlottenburg

Anna Friederike Henriette von Weiss
★ etwa 1758 in Stendal
† 1835 in Berlin
etwa 77 Jahre alt

∞ in Hakenfelde (Standesamt) und in Spandau (Kirche)
Johann Ludwig Haacke
★ 22.4.1743 in Spandau
† 25.4.1806 in Hakenfelde
63 Jahre alt

Marianna Josepha Alusia von Weiss
★ 1751 in Stendal
† 4.6.1778 in Spandau
26 Jahre alt

∞ 27.6.1771 in St. Nicolai
Carl Wilhelm Haacke
★ 1740 in Spandau
† 1.3.1772 in Spandau
31 Jahre alt

Charlotte Sophie Elisabeth von Weiss
★ 1.5.1760 in Stendal
† 4.4.1836 in Festung Glatz
75 Jahre alt

Theodorus Gottlieb Ursinus
★ 10.9.1749 in Königsberg
≈ 14.9.1749
† 11.9.1800 in Berlin
51 Jahre alt

Ferdinand Henry Maximilien Weingarten
★ etwa 1750
† 31.12.1750
etwa 5 Monate alt

von Weiss

von Condier

Anne Henriette Sophie Charlotte Haacke
★ 26.12.1780 in Hakenfelde (Spandau)
† vor 1804

Alexander Hans Friedrich Carl von Wartenberg
Siehe Spalte 5, Zeile 4

Carl Heinrich Ludwig Haacke
★ 16.5.1782 in Spandau

Friederike Wilhelmine Haacke
★ 21.11.1783 in Hakenfelde
† 1.4.1857 in Berlin Luisenstadt
73 Jahre alt

Alexander Hans Friedrich Carl von Wartenberg
Siehe Spalte 2, Zeile 4

Charlotte Sophie Josepha Haacke
★ 23.1.1785 in Spandau
† 1854
69 Jahre alt

Dorothea Sophie Haacke
★ 24.6.1786 in Hackenfelde

Wilhelmine Christiane Haacke
★ 14.2.1790 in Spandau
† 6.12.1865 in Derwitz
75 Jahre alt

Francois Elie Bournot
★ 21.10.1781 in Langres (Haute Marne)
† 7.4.1838 in Brandenburg
56 Jahre alt

Moritz Heinrich Bournot
★ 5.3.1829 in Guhlsdorf
† 28.9.1899 in Wriezen
70 Jahre alt

∞ 23.4.1855 in Charlottenburg
Adelheide Juliane Sabine Hoffmann
★ 24.10.1827 in Berlin
≈ 18.11.1827
† 25.8.1904 in Doberan
76 Jahre alt

★ geboren
≈ getauft
∞ geheiratet
† gestorben

# Teil 1: Die Zeit bis zum Urteil

## Benjamin Klein

Berlin, im Februar 1803

Benjamin Klein fühlte sich unwohl.

Benjamin Klein war ein Bediensteter im Haushalt der verwitweten Geheimrätin Charlotte Ursinus in der Behrenstraße in Berlin, einer Dame mit Vermögen, die zu den gehobenen Ständen hier in Berlin zählte.

Das Verhältnis zwischen Benjamin und seiner Arbeitgeberin, der er schon eine Reihe von Jahren diente, war gut. Es war sogar mehr als das – es war ein Vertrauensverhältnis, und die Frau Geheimrätin teilte mit ihm auch Gedanken, die man damals sonst sicherlich nicht seinen Domestiken erzählt hätte. So besprach sie mit ihm sogar, dass sie sich gerne wieder verheiraten würde und erwähnte auch den Namen eines in Aussicht genommenen Herrn. Ein Projekt, das sich aber letztlich wieder zerschlug. Aber seitdem war das Verhältnis zwischen der Frau Geheimrätin und Benjamin Klein getrübt, es gab auch Zank, und Benjamin hatte deshalb jetzt gekündigt und wollte demnächst anderweitig eine Stelle annehmen. So war zumindest sein Plan.

Jetzt, Februar 1803, während Benjamin das Mittagessen servierte, überkam ihn, wie er sagte, ein „Unwohlsein", auch mit Erbrechen. Er klagte es seiner Herrin, und diese war sogleich sehr besorgt um ihn. Sie ließ Benjamin eine Tasse aus der Küche holen, aber schickte ihn nochmals in die Küche, um auch die zugehörige Untertasse zu bringen. Als er zurückkam, hatte Frau Geheimrätin bereits von der Boullion, die es heute Mittag als Suppe gab, etwas in die Tasse eingefüllt, die er austrinken solle, damit er wieder zu Kräften käme.

Benjamin tat, wie ihm geheißen, er bemerkte aber, dass in der Tasse ein „pulverisierter Bodensatz, etwa ein halber Teelöffel voll" zurückblieb. Kurz nach dem Trinken der Brühe verspürte Benjamin, wie er beschrieb, „Übelkeiten und Leibschmerzen", und Frau Geheimrätin, besorgt um ihn, füllt ihm die Tasse nochmals nach und lässt ihn sie austrinken.

Benjamin konnte noch feststellen, dass es diesesmal keinen Bodensatz mehr gab, dann überfallen ihn Schwindel, Hitze und ein noch stärkeres Erbrechen.

Er war nunmehr bettlägerig und in qualvollem, schlechtem Allgemeinzustand. Bisweilen besuchte ihn seine Herrin, die „sehr liebevoll und gütig" war und auch ihren Hausarzt, den „General-Chirurgus" Laube zu dem Kranken schickte. Dieser diagnostizierte ein „schleimiges galliges Nervenfieber". Charlotte Ursinus ermahnte den Hausarzt noch ausdrücklich zu größter Sorgfalt bei der Behandlung dieser Krankheit. Und sie kümmerte sich auch selbst um ihn. So erschien sie den nächsten Tag mit ein paar Rosinen, um ihn zu stärken und blieb, bis er auch die letzte aufgegessen hatte. Kurz darauf erreichten die Schmerzen und auch das Erbrechen einen noch höheren Grad. Am nächsten Tag, am 28. Februar, erschien die Frau Geheimrätin wiederum und brachte Reis und Milch mit, wovon sie dem Hausdiener einen Löffel verabreichen wollte, damit er zu Kräften käme. Benjamin aber verweigerte die Nahrung, und die Frau Geheimrätin entsorgte Reis und Milch sofort selbst in den Abfall.

Benjamin, der inzwischen sehr hinfällig war, empfand die ganzen Abläufe als außerordentlich merkwürdig. Aber nunmehr von seiner Herrin in Ruhe gelassen ging es ihm etwas besser. Doch sein Argwohn war geweckt, und als er wieder auf den Beinen stehen konnte, beschloss er, sich in den Zimmern und Spinden seiner Herrschaft heimlich umzusehen. Und am 2. März fand er in einem Schrank ein Tütchen Pulver mit der Aufschrift „Arsenik".

Am nächsten Tag bot ihm seine Herrin einige gebackene Pflaumen an, die er auch annahm. Aber er verließ sogleich wieder das Zimmer, so dass Frau Geheimrätin nicht überprüfen konnte, ob er sie auch gegessen hätte.

Es ist jetzt natürlich nicht überraschend, dass Benjamin sich hütete, sie in den Mund zu stecken. Nein, er wandte sich an die Kammerjungfer Schley, die mit ihm in dem Haushalt arbeitete, schilderte ihr kurz seine Ängste, und diese brachte die Pflaumen auch gleich zu ihrem Bruder, einem Apothekerlehrling in der Flittnerschen Apotheke.

Dort stellte sich bei einer Untersuchung sofort heraus, dass die Pflaumen Gift enthielten.

Und dann ging alles ganz schnell:

Der „Prinzipal" der Apotheke, Herr Flittner, unterrichtete seinen Vorgesetzten, den Obermedizinalrat Welper, der wiederum den Direktor Geheimrat Warsing der „Immediatkriminalkommission" informierte. Diese Kommission führte in Berlin die Aufsicht über alle Untergerichte. Warsing vernahm Benjamin Klein, die Kammerjungfer Schley und die beiden Beteiligten in der Apotheke und veranlasste dann umgehend einen Haftbefehl gegen Frau Geheimrätin Charlotte Ursinus.

Am Abend des 5. März 1803 befand sich Charlotte Ursinus in einer angeregten Gesellschaft. Es wurde Karten gespielt, und Charlotte war gerade in einer Whistpartie, als ein Diener des Hauses an sie herantrat. Er war etwas blass geworden: Im Flur und Vorzimmer stünden Polizeibeamte, die sie sprechen wollten.

Die Frau Geheimrätin war die Ruhe selbst. Sie legte ihre Karten hin, entschuldigte sich bei den Mitspielern für diese unerwartete Unterbrechung, die nur auf einem Missverständnis beruhen könne, und sie wäre gleich wieder zurück.

Sie war aber nicht gleich wieder zurück. Genau genommen war sie nie mehr „zurück", ab jetzt lief alles ganz anders, als sie dachte.


# Die Ermittlungen

Natürlich ging es wie ein Lauffeuer durch die ganze Stadt Berlin, dass eine reiche und honorige Dame der oberen Gesellschaftsschicht verhaftet worden war. Und für jeden war es nach dem, was an Informationen durchsickerte, selbstverständlich, dass es sich hier um eine „Giftmischerin" handelte. Es war eine so wunderbar gruselige Vorstellung, dass man eine solche Bestie in der Gesellschaft hofiert hatte.

Das Leben dieser Geheimrätin Charlotte Ursinus wurde jetzt durchleuchtet, und zwar von zwei Seiten. Zum einen von der Polizei, dann aber auch von der Gesellschaft. Es sickerte natürlich auch einiges der polizeilichen Ermittlungen durch. Das fand dann seinen Weg in die gierig sie aufsaugende Presse. Ein besonderes Beispiel dafür ist das Buch „Bekenntnisse einer Giftmischerin – von ihr selbst geschrieben", Erstausgabe 1803 bei Johann Friedrich Unger, Berlin. Es war natürlich, entgegen des Titels, überhaupt nicht von ihr selbst geschrieben, sondern eine Mischung. Ein Konglomerat aus einigen Tatsachen, die durchgesickert waren, vielleicht auch wenigen eigenen Nachforschungen und vor allem von viel bis sehr viel Phantasien, was alles gewesen sein könnte. Um es deutlich zu sagen: Fake News von vor über 200 Jahren, mit einer Sensationsgier und Beigabe von sexuellen Darstellungen, wie wir sie ähnlich in unserer heutigen Boulevardpresse finden, nur mit – das muss man anerkennen – einer sehr viel ausgefeilteren Sprache. Aber das Buch war in Berlin ein absoluter Verkaufsschlager, und es kam ja wirklich in bemerkenswerter Schnelligkeit auf den Markt. Sogar Goethe hatte es gefallen, aber ob wegen der Sprache oder wegen des Inhaltes hat er nicht gesagt. Übrigens hat keine dieser

Spekulationen Eingang hier in dieses Buch gefunden, auch nicht andeutungsweise.

Sorgfältiger als es in den Gesellschaftsschichten lief waren die polizeilichen Ermittlungen. Die Aussagen von Benjamin Klein wiesen überdeutlich auf einen Mordversuch hin, und die vorliegenden Tatsachen stützten diese Aussagen, sie waren also keine Hirngespinste. Es bestand die Notwendigkeit zu ermitteln und das Leben der Charlotte Ursinus nachzuzeichnen.

Dem schließe ich mich jetzt ebenfalls an, möchte es aber mit eigenen Rechercheergebnissen anreichern und auch mit Inhalten aus Berichten über persönliche Gespräche, die sie viele Jahre nach diesem ereignisreichen Jahresanfang 1803 hatte.

# Die Kindheit und Jugend der Ursinus

Auf den ersten Blick schien Charlotte Ursinus, geb. von Weiss aus gutem Hause zu kommen. Der Vater war adelig, die Mutter die Tochter des Bürgermeisters von Charlottenburg, und geheiratet hatte Charlotte einen höherrangigen preußischen Beamten, der akademisch gebildet war. Das alles klingt sehr wohlsituiert und angepasst.

Nachdem wir aber heute auch in Akten der damaligen Zeit schauen können, zu denen die Öffentlichkeit seinerzeit – und „seinerzeit" bedeutet immerhin den Zeitraum von über 100 Jahren von 1803 bis 1914 – keinen Zugang hatte, sieht ihre Herkunft keineswegs mehr so geschmeidig aus.

Charlottes Vater war Maximilian Baron von Weingarten, ein österreichischer Beamter, der seinen Vorgesetzten, den Habsburger Gesandten am preußischen Thron, ca. 1746 als dessen Sekretär nach Berlin begleitete. Das Verhältnis zwischen Preußen und dem Habsburger Reich war zu dieser Zeit sehr angespannt, Friedrich der Große und Maria Theresia hatten heftige, auch kriegerische Auseinandersetzungen insbesondere um Schlesien, die in den Siebenjährigen Krieg (1756 - 1763) mündeten.

Maximilian von Weingarten war also als diplomatischer Bediensteter in Feindesland tätig.

Aber so ziemlich das Erste, was er unternahm, als er in Berlin angekommen war, war ein Anschreiben an den preußischen König Friedrich II. den Großen. Darin bot er seine Dienste als Spion an! Inzwischen liegen umfangreiche Akten vor, die aber für die Aufklärung des Falles „Geheimrätin Ursinus" nicht relevant sind, so interessant sie auch sein mögen (sie sind es wirklich). Hier ist nur von Bedeutung, dass Maximilian ziemlich hohe finanzielle Forderungen als Gegenleistung verlangte. Zudem forderte er für seine Enthüllungen ein „Patent als Legationsrath", in dem „der Platz vom Namen frei sein muss, welchen er selbst einsetzen will".

Was er an die preußische Regierung berichtete, war eine Art Gemisch aus Halbwahrheiten und erfundenen Gegebenheiten. Aber – und das war wirklich ein Schaden für das habsburgische Reich – er verriet den Dechiffrierschlüssel für geheime Schreiben, und erst jetzt gelang es den preußischen Geheimdiensten, die abgefangenen Kassiber auch tatsächlich zu lesen. In der „aktiven" Zeit des von Weingarten wurde der Schlüssel mehrfach geändert, aber stets von ihm wieder an die Preußen weiterverraten.

Der Gesandte, also der Chef von Maximilian, wechselte. Der neue Botschafter, General de Puebla, war misstrauisch, und von Weingarten setzte sich deswegen lieber ab. Kurz zuvor hatte er Ernestine Witte geheiratet, ein preußisches Mädchen, Tochter des Bürgermeisters von Charlottenburg, das er nach eigenen Worten verführt hatte.

Der Gesandte von Puebla setzte in Preußen eine Fahndung nach dem österreichischen Landsmann durch, der für Preußen spionierte. Die Österreicher hätten dann die Auslieferung gefordert, und es kann kein Zweifel bestehen, dass der Spion, einmal ausgeliefert an Österreich,  hingerichtet worden wäre. Allein, die Polizei konnte bei all der Suche keinen von Weingarten finden.

Maximilian nutzte nämlich sein wie oben beschrieben verlangtes „Patent als Legationsrath" und war nunmehr in Stendal, wo er untergetaucht war, nur noch unter dem selbst erdachten Namen „von Weiss" bekannt. Es entsteht der Eindruck, dass die Polizei es seinerzeit auch gar nicht so genau wissen wollte, sie suchten – gemäß Auftrag des habsburgischen Gesandten (der ja einem feindlichen Land angehörte) nach einem Maximilian von Weingarten – und den gab es ja nun sonderbarerweise gar nicht.

Maximilian von Weiss starb 1781. Er hatte für seine „Dienste" zwar viel Geld erhalten, aber er hatte zu Lebzeiten noch mehr Geld durchgebracht. Die Witwe mit ihren Kindern stand völlig mittellos da. Vom preußischen König Friedrich dem Großen wurde eine kleine Pension gewährt, damit sie ihrem Sohn (bei Mädchen kam es nicht so darauf an) eine Ausbildung, natürlich eine militärische, ermöglichen konnte.

Am 1. Mai 1760 wurde Charlotte geboren. Sie muss eine Reihe von Geschwistern gehabt haben, sie selbst gab die Zahl von „etwa 15" an, wobei, wir werden es noch sehen, solche Angaben aus Charlottes Mund mit sehr viel Misstrauen aufgenommen werden müssen. Jedenfalls haben viele der Geschwister nicht das Erwachsenenalter erreicht.

Interessant ist, wie sie selbst die Geschichte ihrer Eltern und ihrer Kindheit erzählte. Ihr Gesprächspartner war C.F. Stephany, der, nach seinen Angaben, gegen Ende ihrer Festungshaft dort „Platzmajor" war, also eine Art Edel-Gefängniswärter. Ihm hat die Ursinus mangels anderer Zuhörer vieles erzählt. Stephany veröffentlichte 1866 sein in der Einleitung erwähntes Buch „Charlotte Ursinus, die Giftmischerin" und versuchte sich darin auch mit einer Ausdeutung ihrer Psyche. Letzteres blieb doch recht laienhaft. Aber er hat viele Gespräche aufgeschrieben, und die Geschichte ihrer Jugend aus dem eigenen Munde klingt sehr viel anders als das, was in den Akten vermerkt war:

> „Anfangs habe ihre Mutter als damalige Braut des Weingarten ihn durchaus nicht vermögen können, gewisse wichtige, in seinem Schreibspinde unter Verschluß befindliche Papiere auszuliefern. Sie veranstaltete dann eine Spazierfahrt mit ihrem Geliebten, zugleich während derselben durch einige in das Geheimniß eingeweihte Personen das Oeffnen seines Schreibspindes und die Wegnahme der bezüglichen Papiere. Es fand sich jedoch, daß die wichtigsten davon in Chiffren abgefaßt waren. Der Beraubte, durch diese Gewaltthat in der größten Verlegenheit, ließ sich endlich durch Versprechungen und Drohungen, so wie aus gerechten Be-

> sorgnissen, sich von allen Seiten, besonders bei dem Oesterreichischen Gesandten verdächtigt zu sehen, zur Enträthselung der Chiffren bereden."

Hier wird plötzlich der Ablauf, wie der Vater zum Geheimnisverrat gekommen sei, als eine Intrige der Mutter dargestellt, in die der harm- und arglose Vater hineingeschlittert sei. Die Aktenlage, siehe die vorhergehenden Seiten, ergibt aber ein komplett anderes Bild. Charlotte hat, wie man so schön sagt, was vom Pferd erzählt.

Hier folgt ihre persönliche, von Stephany aufgezeichnete Darstellung (der manchmal etwas unvollständig erscheinende Satzbau wurde original übernommen):

> Der Oesterreichische Gesandte, Graf v. Puebla, trug - mit, Berufung auf das Völkerrecht - bei dem Berliner Hofe darauf an: „daß sein entflohener Secretair ausfindig gemacht, verhaftet und nach Wien ausgeliefert werde." Durch diese Requisition bewogen, erließ der König an den Magistrat zu Stendal folgende Cabinets-Ordre:
>
> „Da Sr. Königlichen Majestät allerunterthänigst gemeldet worden ist, wie der jüngere von Weingarten, Secretaire des Römisch-Kaiserlichen Königlichen Gesandten zu Berlin, Grafen v. Puebla, jüngsthin heimlich von Berlin entwichen und nach Stendal zu seinen Verwandten daselbst gegangen sey; so befehlen Se. Majestät Dero Magistrat zu Stendal hierdurch so gnädig als alles Ernstes, vorgedachten von

Weingarten, dafern derselbe sich zu gedachtem Stendal befindet, allsofort arretiren und zum sichern Verhaft bringen zu lassen, und sodann sogleich an Se. Königliche Majestät davon zu berichten, damit zur sichern Abholung des erwähnten von Weingarten sogleich das Weitere verfügt werden könne. Wonach erwähnter Magistrat sich eigentlich und allerunterthänigst zu richten hat. Potsdam, den 19. Juny 1756. (gez.) Friedrich."

Frau und Kinder des Entflohenen wollte übrigens der Monarch nicht ausliefern, und in Stendal fand sich Niemand jenes Namens: denn der „von Weingarten" ließ sich hier „von Weiß" nennen. Es heißt, er habe sich auf höheren, in heiterer Laune gegebenen Befehl so umtaufen müssen, wegen seiner sehr gebräunten Gesichtsfarbe [*eine schon in sich widersprüchliche und auch ziemlich alberne Erklärung*].

Die Verhaftung des Andersbenannten unterblieb nicht nur, er lebte sogar nach dem wirklichen Ausbruche des siebenjährigen Krieges ganz ruhig, ohne irgendeine Anfechtung, in jener Stadt, und starb dort erst in der Mitte der neunziger Jahre des 18. Jahrhunderts.

Das geheime verwegene Spiel konnte jedoch später in Berlin nicht länger fortgesetzt werden; heimlich entwich das Ehepaar (1756) nach Stendal. Doch auch dort zog sich bald über ihren Häuptern, die wahrscheinlich in Wien dem Schwert verfallen wären, ein drohendes Ungewitter zusammen.

Charlotte hat also offensichtlich Anleihen gemacht bei Pippi Langstrumpf: „Ich mache mir die Welt, wie sie mir gefällt."

Mit 12 Jahren kam sie zu der verwandten Familie Haack in Spandau, wo sie erzogen wurde. Die junge Frau Haack war ihre Schwester. Mit dem ihr eigenen Selbstbewusstsein beschrieb Charlotte es so:

> „Hier erhielt ich in vielen Wissenschaften, Sprachen und Künsten den besten Unterricht. Selbst höhere Wissenschaften, zum Beispiel Philosophie, Chemie und Physik, waren nicht davon ausgeschlossen."

Es kam dort zu einer Liebschaft, näheres ist nicht zuverlässig bekannt, und an Spekulationen wollen wir uns nicht beteiligen, so reizvoll sie auch gewesen sein mögen. Jedenfalls holten die Eltern daraufhin Charlotte wieder nach Hause, und sie werden ihre Gründe gehabt haben.

## Die Heirat

In Stendal im Hause der Eltern war ein Theodor Ursinus des öfteren zu Gast. Diese Begegnungen waren richtungsweisend für ihren weiteren Lebensweg. Theodor Ursinus hielt etwa ein Jahr, nachdem er sie kennenlernte, um ihre Hand an. Charlotte fand ihn wohl eigentlich zu alt und auch nicht attraktiv, er war eher etwas klein und schwächlich, und außerdem hörte er nicht gut. Die Eltern hingegen fanden, dass er, gute Stellung und auch etwas Vermögen, eine sehr vorteilhafte Partie wäre. Es verwundert, dass Charlotte, bei der ihr sonst zu jeder Gelegenheit zur Schau getragenen Eigenwilligkeit, hier ihren Eltern nachgegeben haben soll – aber sie selbst beschreibt es so – wobei es oft gute Gründe gibt, ihre Angaben in Zweifel zu ziehen. Aber hier ist ihr eigener Bericht:

„Die Zuvorkommenheit, mit der er mich behandelte, die Auszeichnung, die er mir vor vielen andern meines Geschlechts angedeihen ließ, bestärkten mich in der Meinung, ich sey ihm nicht gleichgültig. Als ich mich aber näher mit diesem Gedanken bekannt machte, fiel mir besonders der unverhältnißmäßige Altersunterschied zwischen uns Beiden schwer auf's Herz. Wirklich hielt Herr Ursinus, nachdem unsere Bekanntschaft ungefähr ein Jahr gedauert hatte, um meine Hand an. Ich hegte für ihn zwar innige Freundschaft, nicht aber Liebe, und konnte mich Anfangs nicht entschließen, meine frohe Jugend so schnell mit dem Ernste eines bedenklichen Lebens-Verhältnisses zu vertauschen, es mit einem Manne zu theilen, der klein, schwächlich und kränklich war, auch dabei an einem starken Gehörsfehler litt. Meine Eltern meinten dagegen, daß alle diese Uebelstände durch andere Vortheile aufgehoben würden. Diese waren, nach ihren Schilderungen, die allgemeine Achtung, die der Werbende genoß, sein exemplarischer Lebenswandel, verbunden mit einem leidenschaftlosen Charakter, seine Stellung im bürgerlichen Leben, sein zwar nicht beträchtliches, aber doch mäßiges Vermögen, und manche andere empfehlungswerthe Seiten. Die Wünsche und Gründe meiner Eltern ehrend, entschloß ich mich, in meinem neunzehnten Jahre, mit dem Herrn Ursinus ein Bündniß einzugehen, das durch keine freie Wahl meines Herzens geknüpft, und in der Folge nur durch Convenienz zusammengehalten wurde."

Übrigens, das mit dem „unverhältnismäßigen" Altersunterschied ist keineswegs so krass, wie sie es darstellt. Bei der Heirat war Charlotte 19 und Theodor 30. Stimmt, das ist ein Unterschied, aber doch nicht so ungewöhnlich, und in aller Regel gehört ein Mann mit 30 noch nicht „zum alten Eisen".

Zu Beginn der Ehe war der Mann öfter auf Dienstreisen, und seine Frau fuhr gerne mit.

Später – der Mann war nicht mehr so viel unterwegs – fuhr Charlotte mit einer „Stiftsdame" (wer auch immer das gewesen sein mag) auf Reisen, von ihren Beschreibungen will ich nur eine wiedergeben, die sehr merkwürdig berührt:

> „Aus der Zahl der ausgezeichnetsten Personen, die ich kennen lernte, nenne ich den geistreichen Minister Necker und seine so berühmte Tochter, die bekannte Staël von Holstein. Ich wohnte während mehrerer Wochen bei dieser liebenswürdigen Familie auf ihrem reizenden Landsitz Coppet, genoß hier alle mögliche Gastfreundschaft, und unternahm in Begleitung der Staël Ausflüge nach den umliegenden romantischen Gegenden. Necker litt schon damals an der Krankheit, die ihm (1804) den Tod brachte. Er hatte den Leichnam seiner verstorbenen Gattin aufbewahrt in einem mit Spiritus gefüllten und mit einem Glasdeckel versehenen Sarge, der in seinem Zimmer stand. Es gehörte zu des Ministers Lieblingsbeschäftigung, täglich etwas frischen Spiritus hinzuzugießen. Mir gewährte es ein eigenes Interesse, die edlen Gesichtszüge der schönen todten Frau zu betrachten; sie hatten viel Aehnlichkeit mit denen

> der kleinen Tochter der Staël, die nachher den Herzog von Broglie heirathete."

Das klingt so abstrus, dass sich ein Faktencheck geradezu anbietet. Dies hier ist eine seriöse Quelle zu demselben Thema:

Frédéric Rossi in https://blog.nationalmuseum.ch/2021/01/suzanne-necker-die-schoene-curchod/

> **Madames streng geplantes Leben nach dem Tod**
>
> Am 15. Mai 1794 starb Suzanne im Alter von 57 Jahren. Ihre Beerdigung war dank den zahlreichen Testamenten, die sie über Jahre hinweg erstellt hatte, bis ins kleinste Detail geregelt. Schon seit Beginn ihrer Ehe dachte sie über ihren Tod nach, denn sie fürchtete, vorschnell begraben zu werden. Sie hinterliess ihrem Mann auch sehr genaue Anweisungen, in denen die Behandlung ihrer Leiche minutiös beschrieben war und die ausserdem Baupläne für ihre Grabstätte beinhalteten. Zunächst musste man über mehrere Tage mit allen Mitteln sicherstellen, dass sie tatsächlich tot war: In Anwesenheit zweier Ärzte sollten Abriebe mit Essig und kochendem Wasser, die Einblasung von Ammoniak-Gemischen sowie Einschnitte und Verbrennungen mit heissem Eisen erfolgen. Während des Baus des Grabmals wurde ihre Leiche in einem bleiernen Sarg im Zimmer ihres Mannes aufbewahrt. So wurde Suzanne Necker erst am 8. September, fast vier Monate nach ihrem Ableben, in ihrer Grabstätte

beigesetzt. Doch das war noch nicht alles: Sie hatte auch vorgeschrieben, ihre einbalsamierte Leiche müsse in ein mit Weingeist gefülltes Becken aus schwarzem Marmor gelegt werden. So wurde sie perfekt konserviert und ihr Mann konnte sie betrachten. Ein Grabhüter war damit betraut, die Flüssigkeit zu erneuern und jeden Donnerstag einen der handgeschriebenen Briefe, die die Verstorbene zuvor an grosser Zahl für ihren Ehemann geschrieben hatte, dort zu deponieren. Das Becken war ausserdem genug gross, um auch Jacques Necker nach seinem Tod aufzunehmen. Er starb am 9. April 1804 und wurde dem Wunsch seiner Frau gemäss ebenfalls einbalsamiert und im selben Becken bestattet, wo ihre Leichen mit Weingeist übergossen wurden. Zuvor wurden sie mit dem Schlafrock der Madame umwickelt, den Jacques die letzten zehn Jahre lang unter seinem Kopfkissen bewahrt hatte.

Bis hierher enthielt der Lebenslauf von Charlotte Ursinus (geb. von Weiss) interessante oder auch sehr eigenartige Einzelheiten, die bei dem Verständnis ihrer Persönlichkeit vielleicht weiterhelfen. Sie waren aber unerheblich, was die polizeilichen Ermittlungen anbelangt. Es ist nicht einmal zu erkennen, dass sie überhaupt in diese Ermittlungen eingeflossen sind.

Dies ändert sich jedoch jetzt, denn es folgen einige Abschnitte, die schwieriger einzuordnen sind und die genauer betrachtet werden müssen.

## Die Ehe der Ursinus und der Liebhaber Ragay

Die Ehe von Charlotte und Theodor verlief nicht so, wie Ehen normalerweise geführt werden. Die von Charlotte, „der Ursinus", gemachten Andeutungen können eigentlich nur so ausgelegt werden, dass es zwischen den beiden keinen „ehelichen Verkehr" mehr gab, und dass zudem Theodor, aus dem Gefühl heraus, hier in der Schuld seiner Gattin zu stehen, außereheliche Aktivitäten von Charlotte wissentlich tolerierte. Wie weit allerdings diese „außerehelichen Aktivitäten" auszulegen sind, lässt sich nicht sagen.

Aber exakt an dieser Stelle setzten auch die polizeilichen oder gerichtlichen Ermittlungen ein, ich glaube, die hätten das gerne auch gewusst.

Charlotte Ursinus litt, nach eigener Aussage, an der Kinderlosigkeit. Ihre Aussagen dazu sind interessanterweise extrem ich-bezogen und muten sehr unreif an:

> »Ich habe meinen Mißmut darüber, daß unsere Ehe kinderlos blieb, soviel als möglich zu verbergen gesucht. Daß ich darüber Mißmut empfand, hatte einen doppelten Grund. Einmal wünschte ich mir Kinder, um, solange sie noch klein wären, sie als Spielzeug zu gebrauchen, wenn sie älter würden, Menschen an ihnen zu haben, die durch Bande des Blutes Verpflichtungen zur Liebe gegen mich hätten; und dann fühlte ich, daß mein Blut heftig wallte und mein Körper Befriedigung forderte, die ich bei Ursinus nicht finden konnte. Nichtsdestoweniger habe ich ihm darüber je Vorwürfe gemacht; vielmehr unterdrückte ich durch Zerstreuungen aller Art die Winke der Natur um so williger, als wir jenes Übereinkommen getroffen. Nur die Folge, welche eben die-

> se Entbehrung für mich hatte, war mir unangenehm, da, wie gesagt, die Fülle der Gesundheit, in welcher ich lebte, Befriedigung zu fordern schien und ich ein Toben in meinem Körper verspürte, welches mich oft krank machte. Das war jedoch in den ersten Jahren meiner Ehe nicht der Fall, sondern ich nahm dies alles erst in späteren Jahren wahr, besonders alsdann, wenn ich im Umgange mit andern Männern war, oder auch, wenn ich von diesen zufällig einen Druck der Hand, oder auch noch mehr, wenn ich, wäre es auch nur im Pfänderspiele gewesen, von jemandem einen Kuß erhielt, welches letztere allerdings öfter der Fall war wie ersteres. Dies empfand ich besonders, wenn es von dem Ragay geschah, denn ich will kein Geheimnis daraus machen, daß ich an diesem Ragay mit innigem Gefühl der Liebe gehangen habe.«

„Dieser" Ragay war ein holländischer Offizier, in den sich Charlotte Ursinus verliebt hatte. Vor Gericht sagte sie später, das Verhältnis sei nicht bis zum Bruch der ehelichen Treue gekommen. Das kann man glauben, muss man aber nicht.

Jedenfalls zog Ragay sich Ende 1796 von ihr zurück. Sie versuchte, ihn zurückzugewinnen. Der Gipfel dabei war ein Brief, den sie formulierte, den aber ihr Mann dann abschreiben (damit die Handschrift so aussah, als ob er von ihm verfasst gewesen sei) und Ragay senden sollte. Was Theodor Ursinus auch brav tat. Allein schon dieser Vorgang berührt recht merkwürdig. Und auch der Brief selbst ist – na ja – eigentümlich. Wenn man ihn liest, ist einem klar: Das konnte eigentlich nur schief gehen. Er findet sich im Originalwortlaut in den Gerichtsakten. Nach meinem persönlichen Eindruck klingt er verworren, ich weiß nicht, wieso sie glaubte, damit einen unwilligen Liebhaber wieder zurückgewinnen zu können:

»Berlin, den 29. Oktober 1796    Nachmittags 4 Uhr

Lieber Freund!

Hier ein Brief für Sie, der schon vorgestern abend einlief und den ich gestern nicht schickte, um Ihnen Unruhe zu ersparen. Ich wünsche, sein Inhalt sei gut und Sie haben durch den Verzug nicht gelitten. Ich würde ihn auch heute nicht geschickt haben (weil ich ungern allein schreiben wollte und Lotte nicht konnte), hätte der Maler mich nicht fragen lassen, wo Sie in Potsdam wohnten. Ob nun gleich die arme Lotte still im Zimmer blieb, keinen Arzt hat, weil sie nie auf Ärzte hielt (außer Tissot), so könnte doch jener Mann sie zufällig gesehen haben und Sie mit der Nachricht beunruhigen, sie sei krank. – Das ist sie nun eigentlich nicht, und nach dem zweiten Aderlaß heute morgen hoffe ich viel – in Absicht des Körpers –, ihr Gemüt leidet.

Nun zur Erzählung: Sie verließen sie, schon von starkem Andrange des Blutes gegen den Kopf (einer Fülle von Gesundheit) geplagt, dazu kamen Beängstigungen. – Bis Mittwoch hielt sie sich in beständiger pflichtmäßiger Tätigkeit und zählte nur immer die Stunden, als wollte sie die Tage los sein. Ihr Brief an Sie war ihre letzte Kraft, das Übel stieg – was litt die Gute! Der Kopf ward benebelt, das Herz geängstigt, sie war nicht mehr Lotte – und doch war sie es so ganz, immer nur befürchtend, daß niemand durch sie leiden solle; darum sollte ich nicht schreiben, darum erwähnte sie ihrer Gesundheit jetzt nicht. – Was der Körper leidet, sieht man, die Verwundungen der Seele sieht man nicht, und darum erkundigt man sich so viel nach diesem und kann jene um ein Nichts willen verletzen – sagte sie einmal ganz sanft, sonst klagt sie nicht. Gestern abend entschloß sie sich zum heutigen Aderlaß, und es ist viel besser: Röte ist auf den Wangen, Lächeln um die Lippe. – Schreiben kann sie heute nicht, sie würde sonst wollen.

Sage recht was Freundliches, und morgen schreibe ich gewiß; bis dahin soll man ruhig sein. Ich habe keinen Augenblick Mißtrauen, aber unbegreiflich ist mir die neue Veränderung im Plan und Benehmen, die von allem, was man mir am Sonnabend sagte, so abweicht.

Und das ist sie mir nach dem, was sie mir erzählt hat, auch! Können Sie mir darüber einen Aufschluß geben? So wie darüber, wann eher Sie wohl hier wieder herkommen und ob Ihr Schicksal Sie bald wieder an einen anderen Ort ruft? So ist es jetzt wohl Zeit! Ich verdiene ihn in jeder Absicht und kann schweigen. – Ob ich Ihr Freund bin? In welchem Grade ich es bin, wissen Sie. Ach, wie ist der Mensch; am Quell des reinsten Glücks darbt er! Hat nur Stunden zu leben und verläßt Wirklichkeiten, um Schattenbildern nachzujagen, die, wenn er sie erhält, ihm nicht so viel Glück geben werden, als er jetzt hatte. Hier die Zeitung. Morgen schreibt die gute Lotte und schickt die heutige, die wir erst spät erhalten. Auch der Friede wird endlich kommen, dann wird uns nichts so gereuen, als die Zeit en attendant nicht besser genossen zu haben. Da Sie sich unserer mündlichen Unterhaltung entzogen haben, so ist es natürlich, daß die schriftliche, soviel es angeht, ersetzen muß; man müßte tagebuchmäßig etwas schreiben, damit nicht immer die Journaliere drängte. Wohnen Sie denn noch bei Herrn von Huguenin? Ich bitte mir auf die Rückseite dieses Briefes zu antworten, weil ich dem guten Weibe gern einst zeigen will, was ich schrieb, und selbst zu zerstreut bin, also gern wieder hätte, was ich Ihnen geschrieben. Mit dem herzlichsten Anteil haben wir gestern aus Ihrem Brieflein gelesen, daß es mit Ihrer Gesundheit besser geht. ›Daß nur kein Terkaleon [*Ein böser Dämon aus einer damals beliebten Oper*] kömmt‹, sagte Lotte kopfwiegend; ›wir waren schon vier- bis fünfmal so weit, und dann springt es immer wieder vom Guten zum minder Guten über. Gott mache ihn glücklich!‹

Hätten Sie Aug' und Stimme gesehen, Sie würden beinahe nicht zweifeln, daß Gott ein solches Gebet erhören würde; er wird's, und ich stimme herzlich mit ein: Gott mache Sie glücklich!

Theodor Ursinus«

Zu diesem Brief und diesem Verhältnis wurde sie in den Ermittlungen intensiv befragt. Zu ungewöhnlich war die Konstellation, in der, nach ihrer Darstellung, der Mann dazu eingesetzt wurde, ihr den Liebhaber zurückzubringen. Dieser Brief ließ auch die Ermittler etwas ratlos.

Die Fakten sind wie folgt:

Ragay starb im Juli 1797. Nachdem jetzt, fast sechs Jahre später, angesichts des Mordversuches an Benjamin Klein, die Vergangenheit von Charlotte Ursinus durchforstet wurde, interessierten die Umstände des Todes ihres Liebhabers (der seinerseits sie allerdings inzwischen gar nicht mehr so lieb hatte). Jedoch verstarb Ragay nicht halbwegs spontan, sondern war längere Zeit krank. Und es gibt auch keine Anzeichen, dass Charlotte Ursinus in dieser Zeit nochmals Ragay persönlich getroffen hätte. Aber der Verdacht stand im Raum, und das Gericht befragte den behandelnden Arzt, der in dem Berlin jener Zeit als **die** Koryphäe galt. Er war bekannt unter dem Namen „der alte Heim". Wir werden ihm im Laufe dieses Buches noch begegnen, und die Ursinus wird sich noch sehr kräftig über ihn ärgern, gelinde ausgedrückt.

Der alte Heim sprach von dem

> „ihm von Anfang an seltsam dünkenden Verhältnis zwischen der verheirateten Frau und dem holländischen Hauptmann. Aber sowohl er als auch der sehr geschätzte Arzt Zenker, die beide den Ragay in seiner letzten Krankheit monatelang besucht hatten, erklärten übereinstimmend, daß sie an ihm alle Symptome der Lungenschwindsucht gefunden hätten und daß es diese Krankheit gewesen sei, die ihn getötet habe."

Damit ergaben sich keinerlei Ansatzpunkte, die auf einen unnatürlichen Tod, insbesondere auf eine Vergiftung, hinwiesen. Von der Anklage, Ragay vergiftet zu haben (mittlerweile traute ihr die Öffentlichkeit, namentlich das Berliner Publikum, alles zu), wurde sie dann auch ausdrücklich freigesprochen.

## Der Tod des Ehemannes Theodor Ursinus

Theodor Ursinus hingegen verstarb plötzlich. Zwar nicht ganz unerwartet, aber dann doch überraschend schnell von einem Tag auf den nächsten. Und er verstarb im Beisein seiner Frau. Jetzt, nach den Vorkommnissen mit Benjamin Klein, verwundert nicht, dass sich nun die Frage stellte, ob er vielleicht sogar nicht nur in ihrem Beisein, sondern sogar mittels ihrer Hilfe verstarb. Es ist interessant, hier die Fakten zusammenzutragen, um zu überlegen, welche Schlüsse sich daraus ziehen lassen. Und zu sehen, welche Schlüsse am Ende das Gericht daraus gezogen hat. Offiziell, aber auch – ganz deutlich – zwischen den Zeilen.

Hier kommt erst einmal das Protokoll der Aussage von Charlotte Ursinus zum Ablauf der entscheidenden Nacht – wobei es niemanden gibt, der ihre Angaben dazu bestätigen kann, es könnte also auch anders gewesen sein:

Am 10. September 1800 hatte das Ehepaar Ursinus ein paar Gäste in ihrer Wohnung, die kleine Gesellschaft feierte den Geburtstag von Theodor Ursinus. Er sei sehr vergnügt gewesen, obwohl er oft den Gedanken geäußert habe, daß er bald sterben werde (sagt sie). Am Ende der Feier abends, als die Gäste und auch die Bediensteten gegangen waren, ist Theodor Ursinus zu Bett gegangen, Charlotte sagte, sie wäre noch aufgeblieben, um „alles in Ordnung zu bringen."

Aber bald nachdem er im Bette war, hätte sie ihn klagen gehört. Sie fragte ihn darauf, ob er ein Brechmittel verlange (welches auf Anordnung ihres Hausarztes immer vorrätig gewesen sei). Da er dies aber nicht nehmen wollte, habe sie ihm ein stärkendes Elixier gegeben. Das habe nicht geholfen. Er hätte fortgeklagt und das Brechmittel gefordert.

> Sie habe es ihm eingegeben und nunmehr ihre Domestiken wecken wollen. Deshalb habe sie heftig an der Klingel gezogen, die aus ihrer Wohnstube führte. Da sich darauf niemand eingefunden, habe sie ihre Domestiken durch den im Hause wohnenden Portier rufen lassen wollen. Während sie auf dem Wege nach dem Portier gewesen sei, habe sie gehört, daß das Brechmittel seine Wirkung getan hatte. Sie sei nun ihrem Ehemann zu Hilfe geeilt, und da er keinen Tee trinken wollte, habe sie es auch nicht für nötig gehalten, ihre Domestiken zu wecken. Am andern Morgen fühlte sich Theodor Ursinus schwach. Er legte sich auf die Seite und sei nachmittags, in Gegenwart mehrerer Ärzte, verstorben. Sie habe damals Arsenik, mit Mehl gemischt, zur Vertilgung der Motten im Haus gehabt, aber ihrem Ehemann nichts davon eingegeben.

Diese Darstellung ist allein die Aussage der Ursinus. Sie lässt aber einige Fragen zurück: Von dem Personal hatte niemand die Klingel gehört. So blieb sie, wenn ihre Version stimmt, bei ihrem Mann sitzen, ohne irgendetwas zu unternehmen (nach einem Arzt zu schicken o.ä.). Obwohl es ihm so schlecht ging.

Der Hausarzt, später befragt, bestritt, dass er verordnet habe, es solle immer ein Brechmittel im Hause sein.

Und – was besonders beeindruckte – Frau Geheimrätin musste nach Befragung einräumen, dass sie zu jener Zeit, mit Mehl vermischt, Arsenik im Haus gehabt hätte „zur Vertilgung der Motten": Sie selbst hatte es vom Apotheker Thiemann gefordert, um, wie sie sagte, Ratten damit zu töten (Ja, es war einmal von Motten, dann wieder von Ratten die Rede, auch sehr verwirrend). Als Thiemann ihr und ihrem Ehemann nachher Arsenik brachte und ihr das Unzweckmäßige beim Gebrauch vorstellte, sagte sie, um das Gespräch zu Ende zu bringen, daß sie es zur Vertilgung der Ratten gebrauche. Aber Ratten gab es gar nicht im Haus.

Im laufenden Ermittlungsverfahren wurden weitere Schritte unternommen, über die später ausführlich gesprochen wird, wenn ich über das in dem Ablauf nächste Vorkommnis berichtet habe.

Zum Zeitpunkt des Todes von Theodor Ursinus gab es keine Momente, in denen irgendjemand auf die Idee gekommen wäre, dass hier nicht der natürliche Tod eines Mannes, der bereits kränklich war, eingetreten sei. Aber im Laufe des Ermittlungsverfahrens und nach Kenntnis obiger Fakten sah das etwas anders aus. Wir werden noch einige interessante Aspekte kennenlernen (und zum Gruseln kommt nachher noch was…).

## Der Tod der Erbtante Christiane Witte

Gut vier Monate nach dem Tod von Theodor Ursinus verstarb am 23. Januar 1801 die Tante von Charlotte Ursinus, wiederum in ihrem Beisein.

Auch hier kam niemand zum Zeitpunkt des Ablebens auf die Idee, dass es in irgendeiner Weise ein unnatürlicher Tod gewesen sein könnte. Aber jetzt, nachdem der Fall Benjamin Klein forderte, die früheren Ereignisse gründlich anzuschauen, wurden Details dazu ermittelt, die aufhorchen ließen. Sogar sehr aufhorchen ließen.

Schon die Vorgeschichte, wie es zu dem Besuch bei der Tante kam, die (damals noch außerhalb Berlins) in Charlottenburg wohnte, ist eher ungewöhnlich:

Etwa vier Wochen nach dem Tod ihres Mannes beschloss die Ursinus, ihre Tante zu besuchen. Diese Tante, eine unverheiratete Schwester ihrer Mutter, war ihrer Nichte, der Charlotte Ursinus, sehr zugetan. Sie hatte sogar diese Nichte als Erbin eingesetzt. Und die Tante war durchaus vermögend. Christiane Witte kündigte ihren Besuch in Berlin bei der Ursinus an. Da kam aber ihre Nichte ihr flugs zuvor und tauchte als Überraschungsgast in Charlottenburg auf. Hier ist eine amtliche Zusammenfassung der Aussagen der Ursinus, die sich mit fast jedem ihrer Sätze tiefer in Schwierigkeiten redete:

In ihren ersten Auslassungen sagte sie, sie habe ihre Tante, die sie von allen ihren entfernten Verwandten am meisten geliebt hatte, am 16. Januar 1801 in Charlottenburg besucht. Da die Tante über Kopfweh und einen verdorbenen Magen klagte, habe sie sich entschlossen, einige Tage bei ihr zu bleiben. Schon am nächstfolgenden Tage habe aber die Witte sich erbrechen müssen und über Kopfweh, Durst und Hitze geklagt. Da sich die Krankheit auch am dritten Tage nicht vermindert hätte, habe sie, die Nichte, den Chirurgus Pohl rufen lassen. Sie habe sich damals bei der kranken Tante sehr unglücklich und beängstigt gefunden und sei dadurch auf den Gedanken gekommen, sich selbst ums Leben zu bringen.

Um dies unbemerkt ausführen zu können, und damit die geschickten Ärzte von Berlin ihrem Leben nicht gegen ihren Willen zu Hilfe kämen, habe sie den Vorsatz gefaßt, in Charlottenburg Gift zu nehmen. Sie habe deshalb von dem Chirurgus Pohl welches gefordert, und als sie am 19. Januar auf einige Stunden nach Berlin gefahren sei, habe sie

> neun Portionen Arsenik bei dem Apotheker Thiemann be-
> stellt. Von beiden habe sie Gift erhalten und dieses immer
> bei sich geführt, außer einmal, wo sie es auf dem Wasch-
> tisch der Tante liegengelassen habe. Obgleich im Besitze
> des Giftes, habe sie doch keinen Gebrauch davon gemacht.
>
> Inzwischen sei der Zustand der Tante immer bedenklicher
> geworden. Auf ihr, der Ursinus, vieles Bitten habe sie sich
> entschlossen, am 23. Januar den Professor Gönner kom-
> men zu lassen. Dieser habe die Krankheit für unbedeutend
> erklärt, aber sie habe sich nach seiner Entfernung verstärkt.
> Sie habe nun die ganze Nacht bei ihrer Tante gewacht, die
> in dieser Nacht gestorben sei.

Auch hier hatte die Ursinus abermals die letzte Nacht allein mit der anscheinend in Vergiftungskrämpfen hinsterbenden Tante verbracht.

Schon vier Tage nach ihrer Ankunft in Charlottenburg, noch zu Lebzeiten der Tante, hatte sie auch an den Apotheker Thiemann geschrieben,
er möchte ihr eine gute Portion Gift, etwas stärker als das letzte Mal, zur
Vertilgung der Ratten, die ihre Tante habe, schicken. Er möge es jedoch so
einpacken, daß niemand errate, was darin sei. Sie erhielt darauf ein halbes
Lot Arsenik (ca. 8 Gramm) und führte es in Charlottenburg bei sich.

Übrigens gab es auch diesesmal im Haus keine Ratten.

Im weiteren Verlauf ihrer Aussagen wurden ihre Einlassungen jetzt immer abenteuerlicher:

Offensichtlich hatte sie sich inzwischen in den Verhören als Plan B vorsichtigerweise sogleich nach einer anderen Ausflucht umgesehen. Sie schob ihren Lebensüberdruß vor und behauptete, sie habe sich selbst ermorden wollen und deshalb das Gift angeschafft:

> Bald nach dem Tode ihres Mannes sei ihr die Welt ganz verändert vorgekommen, selbst ihre Hausgenossen hätten das gewohnte Betragen gegen sie geändert. Darüber sei sie in Schwermut verfallen und habe gedacht: Du tust besser, wenn du deine Glücksgüter anderen läßt, die sie besser brauchen können, und still aus der Welt gehst. Dieser Gedanke sei zum Entschluß gereift, als sie bei ihrer Tante gehört habe, daß ihre Schwester, die Hofrätin Haack, ihrer Tante Vorwürfe über deren Zuneigung zu ihr, der Ursinus, gemacht hätte.

Im Neuen Pitaval wird ihr Verhalten so kommentiert:

*„Diese Schwermut und der angebliche Vorsatz, sich selbst umzubringen, spielten in ihrem Prozeß eine wichtige Rolle. Sie spielte dabei die Empfindliche. So gibt sie sich selbst in ihren Briefen, so schildert sie der alte Heim in seinem Gutachten. Sie wollte, auch als sie jene Nebenabsicht noch nicht haben konnte, krank erscheinen, sie wollte bedauert, bewundert, zart und aufmerksam behandelt sein, weil das Gesundsein ihr zu gemein, als Zeichen einer gewöhnlichen Natur dünkte. Aber sie war so gesund von Körper als konsequent in der geistigen Verkehrtheit.*

*Weder ist ihre Schwermut bewiesen noch auch nur ein Anzeichen davon da, daß sie wirklich an einen Selbstmord gedacht habe. Mit allem Scharfsinn sah und griff sie nach allen Mitteln und Wegen, wo Rettung für Leben und*

*Ehre nur entfernt in Aussicht stand, und leugnete, ohne sich zu verwirren, ohne zu erröten, auch auf die Gefahr hin, als Lügnerin überwiesen zu werden. Aber nicht wie eine gemeine Verbrecherin, die alles und jedes in Abrede stellt und in frechem Trotz fordert: Beweist es mir! Von vornherein gab sie das zu, was sich nicht leugnen ließ, ohne gegen jeden gesunden Menschenverstand zu verstoßen. Sie gab zu, was die Klugheit sie lehrte und was sich nicht bestreiten ließ, baute aber sogleich auf dieses Eingeständnis selbst eine neue Verteidigung. Weil die zugestandene letzte Tat, die Vergiftung des Bedienten, so durchaus sinn- und zwecklos erscheint, das ungelöste Rätsel des ganzen Prozesses, so vermeinte sie damit, ihren verwirrten Gemütszustand, vielleicht ihre Unzurechnungsfähigkeit beweisen zu können.“*

Diese Einschätzung und Interpretation erscheint durchaus schlüssig, ihr Verhalten legt diese Bewertung nahe. Auch das Gericht, wie sich noch zeigen wird, hatte davor keineswegs seine Augen verschlossen.

Was allerdings der „Neue Pitaval“ nicht gesehen hat, ist die Berechnung der Ursinus, durch diese Aussagen auf, wie man heute sagen würde, Unzurechnungsfähigkeit zu plädoyieren.

Und dann kam noch eine Aussage von ihr, die auch später eine Rolle spielte, denn sie war ungewöhnlich:

*„Sie habe ihre Tante natürlich nicht vergiftet, aber sie hielte es für denkbar, dass sie, sozusagen in geistiger Umnachtung, ihr unbeabsichtigt Arsen gegeben haben könnte, könne sich aber daran nicht erinnern.“*

Dieses Vorbringen erinnert etwas an die Argumentationsschiene: Erstens, ich habe das Paket nicht bekommen, zweitens habe ich es nicht ausgepackt, und drittens war der Inhalt schon kaputt. So richtig überzeugend ist das nicht gerade, es entlarvt vielmehr die ganze Darstellung als Taktik.

Natürlich hatte diese Art dann auch tiefstes Misstrauen bei den Richtern erregt.

## Die Exhumierungen

In dem Versuch, die Tatsachen zu klären, erging der Auftrag, die Todesursache von Theodor Ursinus und auch der Christiane Witte festzustellen. Ein Auftrag, der sich einfach anhört, aber alles andere als einfach umzusetzen war, vor allem im Jahre 1803. Die Möglichkeiten, eine Arsenvergiftung bei einem Leichnam nachzuweisen, waren damals sehr eingeschränkt. Das etwa 30 Jahre später entwickelte Standardverfahren, die „Marshsche Probe" ermöglichte erst ab 1836 einen zuverlässigen Nachweis. Aber auch nur annähernd Vergleichbares gab es 1803 oder 1804 noch nicht.

Zu der Problematik des Arsennachweises im Jahre 1803 ist ein kurzer Auszug aus dem Buch eines Arztes von 1793 erhellend, das damals eine Art Standardwerk war.

Kurz zusammengefasst war der damalige Stand der Wissenschaft:

Der sicherste Nachweis ist, das Gewebe oder die Materialien, die Arsenik enthalten könnten, zu verbrennen, der dabei entstehende Knoblauchgeruch sei ein untrügliches Zeichen.

Das Buch, aus dem ich nur den einleitenden Abschnitt wörtlich zitiere, unter Beibehaltung der damaligen Diktion und Schreibweise, heißt:

Kurzgefaßtes System der gerichtlichen Arzneiwissenschaft

Durch

J.D. Metzger

Königl. Leibarzt und Professor der Arzneiwissenschaft

Königsberg und Leipzig 1793

§ 218

Es sind drey verkäufliche Gattungen des Arseniks, die hier in Betracht kommen.

1.   Der Fliegenstein oder Kobalt

2.   Das Goldgelb oder Operment, und

3.   Das weiße Arsenik

Der letztere kommt am gewöhnlichsten vor. Gesetzt also, es findet sich mitten in einer blutigen Flüssigkeit im Magen eine kalkartige Substanz, theils in Klümpchen, theils in Pulver, so ist vorerst der weiße Dampf und der Knoblauchsgeruch, den der Arsenik auf glühenden Kohlen gestreut von sich giebt, eines der sicherern Kennzeichen desselben.

Wie im Detail der Vorgang aussehen soll, wird in dieser Quelle eingehend beschrieben. Da ich aber davon auszugehe, dass keiner der Leser es nachkochen will, soll hier das genaue Rezept erspart bleiben.

Soweit also die zentrale Passage als „Stand der Wissenschaft", wie sie der Verfasser, der „königliche Leibarzt und Professor der Arzneiwissenschaft" J. D. Metzger 1793 beschrieben hat.

Die Exhumierung selbst war ein ziemlich abstoßendes Ereignis, sie ist in dem Buch Stephany beschrieben, wobei jener offen lässt, wo er den Text her hat.

„Das Geheimniß in Bezug auf den Tod des Mannes der Ursinus und ihrer Tante konnte vielleicht auch jetzt noch durch das Ausgraben und die Obduction der Leichen gelöst werden. Diese Operation wurde deshalb vom Gericht angeordnet, zugleich ausgesprochen, die Ursinus solle hintreten und die zwei Leichname betrachten, damit die Richter beurtheilen könnten, wie dies auf die Beschuldigte wirke.

Zuerst ward die Verbrecherin aus ihrem Gefängniß am 23. März in verschlossenem Wagen nach Charlottenburg gefahren, wo sie in Gegenwart der dazu bestimmten Personen bei der Leichenschau ihrer Tante anwesend seyn sollte. — Hier angelangt, führte man sie nach der Kirche, wo der schon ausgegrabene Leichnam sich befand. Während dieses Marterweges — so nannte sie diesen, dann auch den späteren Kirchgang — wurde es der Aufmerksamkeit der sie Umgebenden deutlich, daß für die ganze Scene ihr Benehmen mühsam einstudirt war, keinesweges das Gepräge der Unschuld trug. So sehr sie auch alle Gewalt und Herrschaft über sich selbst zu behaupten suchte, dennoch war ihr Schritt wankend, und ihren Lippen entfuhr der Angstruf:

„Wenn es seyn muß, so habe ich mich Dem zu unterwerfen. Findet man Etwas (Gift), dann bin ich schuldig, findet man Nichts, dann bin ich unschuldig; aber auch im ersten Fall werden meine Richter, denen ich sehr für die Milde danke, mit der sie mich behandelt haben, nicht wissen, ob ich absichtlich meiner Tante Gift gegeben habe."

Die Leichenschau nach dem geöffneten Grabe des Ursinus war vom Gericht, zur Verhütung allen Auflaufs, mit umsichtiger Zweckmäßigkeit zur Nachtzeit des 29. März 1803 angeordnet worden. Ein unbenannter Augenzeuge berichtet über diese Nachtscene: „Vor der Kirchhofsmauer des Neustädter Kirchhofs kommt spät Abends ein verdeckter Wagen angerasselt, aus welchem eine weibliche Figur mit einigen Mannspersonen heraussteigt; die Kirchhofsthür öffnet sich, die Angekommenen treten ein, und alsbald wird die Thür abgeschlossen. Ringsumher herrscht eine bange Stille. Auf einzelnen Gräbern stehen wie Bildsäulen einige Unterofficiere und Polizei-Beamtete. Die dämmernde Handleuchte des Küsters schien in den einzelnen Umrissen der Delinquentin einen Menschen zu suchen. Die Gerichtspersonen bilden eine Ernst erregende Gruppe.

Starr blickt der Todtengräber in das schon geöffnete Grab hinunter; schweigend erkennt der Tischler den von ihm gefertigten Sarg. — Die Inquisitin, von einem der Richter aufgefordert, die Stelle zu zeigen, wo ihres Wissens ihr Mann ruhe, deutet auf die schon geöffnete hin.

Herzergreifend waren Blick, Ton und Stellung, womit das arme Geschöpf ihre Aussagen begleitete. — Doch dieser erste Auftritt, wozu der Friedhof den Schauplatz lieh, sollte nur eine Vorbereitung seyn zu dem Trauerspiel, das ihr noch in der Kirche bevorstand. Durch die düstern Hallen des öden Gebäudes, worin nichts Lebendiges sprach, als der dumpfe Widerhall der ankommenden Fußtritte, wird die Inquisitin nach der hell erleuchteten und zu diesem gerichtlichen Zwecke vorbereiteten Sacristei geführt. — Hier zieht man den Sargdeckel ab, und die mit Widerstreben herangeführte Ursinus steht vor der Mumie ihres Mannes, dessen gebrochene Augen sie anstarren, dessen Fäuste zusammengeballt sind, als erkenne er seine Mörderin, und wolle rächen an ihr seinen Mord.

Sie starrt eine fürchterliche Minute auf das Grauen erregende versteinerte Antlitz, auf die unverweste menschliche Gestalt, sucht, als sie dazu aufgefordert wird, selbst einige characteristische Erkennungszeichen auf, und giebt solche an.

 Während dieses grauenvollen Auftrittes in der Sacristei hatten sich die anwesenden Aerzte, Chemiker und Gerichtspersonen um die vertrocknete Leiche mit prüfenden Blicken versammelt. Bevor jedoch die Ob-

> duction derselben beginnt, wird die Inquisitin abgeführt, und in ihr Gefängniß zurückgefahren."

So, das war der sehr emotionale Teil. Sehr interessant fand ich, und übrigens nicht nur ich, sondern auch das Gericht die „vorbereitenden" Kommentare der Ursinus, dass sie ihreTante nicht absichtlich vergiftet hätte, selbst wenn man Gift finden würde.

## Die Obduktionsergebnisse

Aber schauen wir uns im Detail die Ergebnisse an. Ich möchte dazu, wegen der Authentizität, die Erläuterungen wörtlich wiedergeben, wie sie in einer Zusammenfassung der beteiligten Richter zur Vorlage beim König niedergeschrieben wurden. Eine noch offiziellere Darstellung geht wohl nicht. Und das, was die Richter meinten, dem König zumuten zu können, das will ich auch meinen Lesern zumuten. Mögen sie sich damit auf Augenhöhe mit König Friedrich Wilhelm III. von Preußen fühlen!

### Die beteiligten Wissenschaftler

Zuvor werde ich, soweit ich Unterlagen dazu gefunden habe, die Beteiligten, deren Namen im folgenden genannt werden, kurz vorstellen. Es handelte sich bei einigen um damals bedeutende Vertreter ihrer Wissenschaft, die Angaben sind so übernommen, wie sie noch heute in Wikipedia zu finden sind. Wobei wir zwei „Lager" haben:

1.      Die Chemiker

*Martin Heinrich Klaproth (* 1. Dezember 1743 in Wernigerode; † 1. Januar 1817 in Berlin) war ein deutscher Chemiker.*

*Klaproth entdeckte die Elemente Uran, Zirconium und Cer. Als einer der angesehensten Chemiker seiner Zeit beeinflusste er das chemische Denken in Deutschland.*

*Valentin Rose der Jüngere (* 30. Oktober 1762 in Berlin; † 9. August 1807 ebenda) war ein deutscher Apotheker und Chemiker.*

*Seit 1797 war er 2. Assessor am Collegium Medicum und damit Kollege von Klaproth, der 1. Assessor war, und mit diesem für die Prüfung der Apotheker und Aufsicht über die Apotheken in Preußen zuständig. Außerdem hielt er Chemievorlesungen bei der Berliner Pharmazeutischen Gesellschaft, deren Direktor er ab 1806 war.*

*Seine Apotheke war (nicht zuletzt wegen der Verbindung zu Klaproth) ein Zentrum chemisch-pharmazeutischer Forschung in Berlin und zog angehende Pharmazeuten aus ganz Deutschland an, so die Unternehmensgründer Emanuel Merck und Johann Daniel Riedel Anfang des 19. Jahrhunderts.*

*1806 entwickelte er ein Nachweisverfahren für Arsenik in Leichen, vor dem späteren Standardverfahren der Marshschen Probe. Den Anstoß gab der Mordprozess gegen Sophie Charlotte Elisabeth Ursinus, in dem er als Assistent des Gutachters Klaproth beteiligt war, der die Notwendigkeit eines sicheren Nachweises deutlich machte.*

2.      Die Ärzte

**Laube**

Hier habe ich keine weiteren Informationen gefunden.

**Formey**

*Johann Ludwig Formey (* 7. Februar 1766 in Berlin; † 23. Juni 1823) war ein deutscher Mediziner.*

*Er hatte sich einen guten Ruf erworben und so wurde er 1796 zum Leibarzt des Königs Friedrich Wilhelm II. nach Potsdam berufen. Nach dem Tod des Königs kehrte er nach Berlin zurück. 1798 wurde er zum Professor am Collegium medico-chirurgicum ernannt. Im gleichen Jahr untersuchten Formey, Heim und Brehmer auf Befehl des Königs die desolaten Zustände in der Charité. Nach der Auflösung dieses Institutes wurde Formey 1809 Professor an der medizinisch-chirurgischen Akademie in Berlin.*

**Brehmer**

Dieser Mediziner hatte in Preußen die Pockenimpfung eingeführt. Weitere Details kenne ich nicht.

Jetzt möchte ich den Wortlaut des Berichtes, wie er an König Friedrich Wilhelm III. übermittelt wurde, zitieren. Man hat sich damit etwas Mühe gegeben, er war ja für den König... (und heute ist er exklusiv für die Leser dieses Buches):

**Der Fall des Theodor Ursinus:**

„Bey der Obduktion ergab sich, daß der Leichnam, der schon 2 1/2 Jahr, vergraben war, mumienartig eingetrocknet und von der Fäulniß unangegriffen war. Die Hände, Finger, Füsse und Zehen waren krampfhaft zusammengezogen. Die Haut war pergamentartig, in dem geöfneten Unterleibe waren Spuren einer Verwesung bemerkbar, doch fand sich keine Zerstörung durch Fäulniß, oder Würmer. Der Magen und die Gedärme konnten nicht mehr von einander unterschieden werden. Das Netz, die Leber und Nieren, waren talgartig und die Knochen des Beckens waren von einander getrennt. Die Lungen, das Herz und die Milz, fanden sich in unverwestem, natürlichen Zustande. Die Obducenten die

die Kopfhöhle uneröfnet liessen, erklärten schon bei der Besichtigung des Leichnams: daß sie nach dem Befunde, besonders nach der krampfhaften Zusammenziehung der Hände, Füße, Finger und Zehen und der Abwesenheit der Fäulniß für warscheinlich hielten, daß der Denatus an einer Arsenic-Vergiftung gestorben sey. Um der Warheit näher zu kommen, nahmen sie die Contenta des Unterleibes zu chemischen Untersuchungen an sich, und stellten diese, unter Aufsicht des Inquisenten auf eine Art an, die keine Verwechselung der Contentorum zuließ. Bei dieser vom Physico, mit Zuziehung des Medizinal Raths Klaproth und des Medicinal Assesoris Rose angestellten und zu den Akten verzeichneten Versuchen fand sich zwar weder Arsenik, noch sonst ein giftiger Körper; indessen bemerkten die Obduzenten, nach der Reinigung der Eingeweide an den dünnen Gedärmen mehrere entzündete, zum Theil brändige Flecke, wie sie bei Arsenik Vergiftungen häufig gefunden werden sollen, und wurden hierdurch in ihren Vermuthungen von der angegebenen Todes Art des Denati bestärkt. In dem von ihnen abgegebenen Viso reperto [= *Abschlussbericht*] äusserten sie hierauf, daß sie nach dem Befunde für warscheinlich hielten, daß der Denatus an den Folgen des Arseniks verstorben seÿ; daß sie dieses nur deshalb nicht mit völliger Gewißheit behaupten könnten, weil kein Gift gefunden seÿ, daß aber dessen Abwesenheit gegen ihre Meinung nichts beweise."

## Der Fall der Christiane Witte

„Bei der letzten Obduction, die durch den Physicus, Ober Medicinal Rath Welper und den Stadt-Chirurgus Roeseler bewürkt ist, zeigte es sich, daß die Leiche die vom 17 Januar 1801 bis zum 23ten Merz 1803, vergraben lag, noch nicht verweset, sondern nur zusammengetrocknet war. Der Unterleib war eingezogen und so zusammengetrocknet, daß nur mit Mühe die äussere Bedekkung durchschnitten werden konnte. Die Gedärme, das Netz und der Magen zeigten sich in einem weichen, breyartigen, dem Talge ähnlichen Zustande. Die Gedärme und der Magen waren nicht genau zu unterscheiden und wurden, damit Versuche über die Existenz des Arseniks angestellt werden konnten, herausgenommen. In der Brusthöhle fand sich unnatürliches. Die Lunge war sehr zusammengefallen, die Milz und die Leber waren von dunkelblauer Farbe, und das Herz war breyartig aufgelöset. Schon damals urteilten die Obduzenten, daß sie aus den gemachten Wahrnehmungen mit Wahrscheinlichkeit schliessen könnten, daß die Denata durch Arsenik getödtet sey, und nachdem die chemischen Versuche, welche vom Physico mit Zuziehung des Medicinal Assessor Rose, nach der vom Medicinal Rath Klaproth genehmigten Art angestellt wären, zeigten die Obduzenten im Viso reperto an daß zwar in den Eingeweiden kein Gift mehr gefunden sei, daß sie aber nach der Reinigung der Eingeweide im Magen unverkennbare Kennzeichen einer Entzündung mit Brandflecken, gefunden hätten; daß die dünnen Gedärme größ-

> teils entzündet und in Brand übergegangen wären und daß
> sie mit der größten Wahrscheinlichkeit annehmen konnten
> daß die unverehelichte Witten durch Arsenic vergiftet sei."

Diese Ergebnisse der Obduktion bildeten im Zusammenspiel der Aussagen der jeweils behandelnden Ärzte und der Ergebnisse der Vernehmungen der Ursinus eine der Grundlagen für die Entscheidung des Gerichtes.

Eine weitere wesentliche Rolle spielte neben den drei Todesfällen Ragay, Theodor Ursinus und Witte noch der Vorwurf des Mordversuches an Benjamin Klein. Bevor wir aber in diesem Fall die Faktenlage betrachten, soll noch, einfach, weil es so interessant ist, ein Gutachten vorgestellt werden.

## Das Gutachten des Arztes Heim

Das Gericht hatte ein Gutachten des Arztes Dr. Ernst Ludwig Heim („der alte Heim") angefordert. Vorab soll ein kleiner Auszug aus Wikipedia die Person des alten Heim charakterisieren:

*„1783 zog er nach Berlin an den Gendarmenmarkt und eröffnete eine Praxis in der Markgrafenstraße. Er erwarb sich dort große Anerkennung und Popularität. Jährlich behandelte er drei- bis viertausend Patienten, wobei er als Armenarzt viele der armen Patienten kostenlos behandelte und nicht selten auch die Arzneikosten übernahm. Bei der Behandlung der Patienten machte Heim keine Unterschiede, fiel aber durch witzige oder zuweilen auch grobe Bemerkungen auf, die als Beispiele für seine Beliebtheit beim einfachen Volk galten. Dadurch wurde Heim zu seiner Zeit als „Original" angesehen, wofür folgende Beispiele genannt seien: Zum Kurfürsten von Hessen bemerkte er beiläufig „Durchlaucht sind genau so steifpetrig, wie ich*

*mir einen richtigen Kurfürsten immer vorgestellt habe" oder zu einem Leutnant „Husten kommt entweder aus der Lunge oder er kommt vom Saufen. Aus der Lunge kommt Ihr Husten aber nicht."*

Dieses Gutachten ergänzt in seiner Originalität so schön die bisher zwar gruseligen, aber doch auch trockenen Vorgänge. Es war in seiner Aussage und Sprache sehr deutlich, deshalb hier der Abdruck in voller Länge.

Wenn man es gelesen hat, kann man sich gut vorstellen, wie die Ursinus danach vor Wut getobt hat:

Gutachten:

Meine erste Bekanntschaft mit der Frau Geheimrätin Ursinus war im Jahre 1797. Ein holländischer Hauptmann namens Ragay logierte damals bei selbiger, der an der Schwindsucht krank lag und den ich mit dem Herrn Professor Zenker gemeinschaftlich zu behandeln hatte. Bei diesen Besuchen konnte es mir nicht an Gelegenheit fehlen, diese Frau kennenzulernen. Sooft ich diesen Kranken sah, war Frau Geheimrätin Ursinus fast immer gegenwärtig und nahm an allem, was den Kranken betraf, fast ebensoviel, wenn nicht noch mehreren Anteil, als nur immer eine Frau für ihren Gatten oder ihren Geliebten nehmen kann. Ich kann nicht leugnen, daß diese große Menschenliebe von einer verheirateten Frau mir damals sehr aufgefallen ist.

Nach der Zeit, da dieser Ragay verstorben war, habe ich selbige nur selten zu sehen bekommen. Vor einigen Jahren aber, da ihr eigentlicher Hausarzt, der Herr General-Chirurgus Laube, krank war, habe ich selbige als Arzt zu behandeln gehabt und so auch noch letztvergangenes Jahr. Im ganzen habe ich selbige dreimal von acht Tagen bis vier Wochen tagtäglich besucht. Einmal hatte selbige ein ordentliches Flußfieber und die anderen beiden Male Nervenzufälle. Voriges Jahr, da selbige ein Flußfieber hatte, war sie wirklich krank, die anderen beiden Male aber, wo sie Nervenzufälle zu haben vorgab, glaube ich kaum, daß sie wirklich krank gewesen ist.

So viel muß ich wenigstens, meiner innigsten Überzeugung nach, sagen, daß selbige niemals so krank war, als sie vorgab, und daß sie in diesem Punkte die größte Verstellungskunst verstand. So wollte selbige mir oft glauben machen, sie liege in einer Ohnmacht oder sie sei doch so schwach, daß sie die Augen nicht öffnen und den Mund zum Reden nicht bewegen könne, wo ich doch an ihrem Puls und an anderen Umständen bald merkte, daß dies alles gar nicht so sein könne. Solange ich bei ihrem Bette saß, spielte sie so ihre Rolle fort, sobald ich aber, und wenn es noch so leise geschehen wäre, aufstand, um mich von ihr zu entfernen, so fing sie an, sich zu bewegen, winkte mir mit scheinbar schwacher Hand zu bleiben, und wenn ich mich stellte, keine Notiz davon zu nehmen, so fing sie zu reden an und konnte nachher, besonders wenn wir allein waren, recht gut, ja oft laut und verständlich genug sprechen, hielt mich fest bei der Hand und wollte mich, wenn ich keine Zeit hatte, länger zu bleiben, meines Sträubens ohnerachtet, oft nicht los- noch weggehen lassen.

Ein andermal, wie ich mich noch gut besinne, gab selbige vor, sich oft erbrechen zu müssen. Mir wurde auch das angeblich Ausgebrochene gezeigt, was aber gar nicht so aussah, als wenn es aus dem Magen gekommen sei. Ich äußerte ihr deshalb den Wunsch, sie selbst brechen zu sehen. Bald darauf, als ich selbige einmal ganz stille, als wenn sie eine Ohnmacht oder Krämpfe hätte, im Bette liegen sah, tat sie, als wenn sie sich erbrechen müßte, spuckte auch wirklich Speise und Getränke aus, es kam aber nicht aus dem Magen, sondern sie hatte beides vor meiner Ankunft in den Mund genommen und spuckte es nur mit einem ähnlichen Manöver, als beim Erbrechen geschieht, weg. So wollte selbige gleichfalls auch einmal Blut ausgebrochen oder doch ausgehustet haben; man zeigte es mir, es sah zwar rot aus, es war aber sicher kein Blut.

Was selbige zu dergleichen Verstellungen, die im eigentlichen Verstande doch nur Betrügereien waren, bewogen haben mag, weiß ich nicht. Frau Geheimrätin Ursinus wurde hier in einigen angesehenen Häusern, wo ich Arzt bin, geschätzt und wegen ihrer Krankheit sehr bedauert, und da der Arzt sich so manches von seinen Kranken gefallen lassen und das schöne Geschlecht besonders schonen muß, so mußte ich auch diese Verstellungen der Frau Geheimrätin Ursinus mir gefallen lassen und sie vor dem Publikum verschweigen.

Bloß der Frau Geheimen Justizrätin Suarez, die so vielen Anteil an der Ursinus nahm und sich ihretwegen so sehr ängstigte, dieser habe ich es freiheraus gesagt, daß das Betragen der Frau Geheimrätin Ursinus nichts als Verstellung sei.

Jetzt aber, da ich von ihren Richtern aufgefordert werde, mein pflichtgemäßes Gutachten über ihre physische und geistige Beschaffenheit zu geben, so glaube ich, daß es meine Schuldigkeit sei, dies alles der Wahrheit gemäß sagen zu dürfen. Frau Geheimrätin Ursinus hat übrigens allerdings einen zarten Körperbau, ist sanguinisch-cholerischen Temperaments, und ihre Nerven sind äußerst reizbar. Es gibt indessen mehr Menschen von gleicher physischer Konstitution, die doch dabei recht gute moralische Menschen sind. Schwachheit des Verstandes oder überhaupt Geistesverwirrungen habe ich niemals bei der Frau Geheimrätin Ursinus bemerkt, im Gegenteil ist selbige eine Frau, der es gar nicht an einem ausgebildeten Verstande und noch weniger an ausgebreiteten Kenntnissen fehlt. Stolz, Eitelkeit und, ob eine wirkliche oder nur affektierte [= *vorgespielte*] Wollust sind, soweit ich selbige beurteilen kann, die Hauptschwächen in ihrem moralischen Charakter. Ob auch noch ein guter Teil von Falschheit und Bosheit diesem zugrunde liegen möge, dies getraue ich mir nicht zu behaupten, sondern muß die Untersuchung davon ihren scharfsichtigen Richtern überlassen.

Heim«

Das waren sehr klare Worte, die auch die Ursinus verstanden hat. Aber sie fand das nun überhaupt nicht lustig, sondern war wutentbrannt:

Er hätte ihr ja ständig die teuersten Medikamente verschrieben, die zum Teil sogar speziell hätten gefertigt werden müssen. Zweimal täglich hätte er sie besucht und den Angestellten gesagt, wie gefährlich krank sie sei. Sie wolle ihm gegenüber gestellt werden, ob er sich traute, ihr das auch ins Gesicht zu sagen, oder ob er jetzt „der Wahrheit Ehre geben wolle".

Und der alte Heim ließ sich auch darauf ein, in der Geschichte der Kriminalprozesse ein einmaliger Fall, dass der Angeklagte den Gutachter abzukanzeln versucht. Dieses Gespräch fand natürlich nicht unter vier Augen statt, und es gibt eine Aufzeichung darüber.

Sie machte ihrer Wut Luft:

> Es sei nicht recht, daß er gegen seine Überzeugung gehandelt habe. Möglich, daß sie sich damals für kränker gehalten, aber verstellt habe sie sich nie. Heuchelei liege nicht in ihrem Charakter.

Heim ließ die Ursinus locker auflaufen, er erklärte in ihrer Gegenwart:

> Alles, was die Ursinus gesagt, hat seine Richtigkeit. Ich handelte absichtlich so, weil ich wußte, daß es ihr Trost brachte, wie ich es noch heute mit mehreren Personen tue, die ich als Arzt behandle, welche ebensowenig krank sind als die Ursinus. Im übrigen sind meine Angaben bis auf den kleinsten Umstand wahr.

Auch fuhr sie bei Verlesung des Protokolls auf und verlangte über eins Auskunft:

> »Wie haben Sie das verstanden, daß ich Wollust affektiere? Ich kann mir sehr gut denken, daß Weiber so tief sinken, um wollüstig zu sein, aber wie es möglich ist, daß jemand Wollust affektiere, das kann ich mir nicht denken.«

Der alte Heim antwortete recht ungerührt:

> »Wie kann Sie das in Verwunderung setzen, Frau Geheimrätin? Sie haben mir zwar nie gesagt, daß Sie wollüstig wären und daß die Befriedigung des Geschlechtstriebes Bedürfnis bei Ihnen sei; aber ich habe bei vielen Gesprächen, die ich mit Ihnen gepflogen habe, namentlich über die Ehe, gemerkt, daß Sie gern über Ehe und Geschlechtstrieb sprechen hörten, und Sie haben mich sehr oft glauben machen wollen, daß Sie Empfindungen für diesen Trieb hätten, auch nicht abgeneigt wären, diesen Trieb in einer zweiten Ehe zu befriedigen. Ich gestehe Ihnen aber offenherzig, ich habe im Grunde immer geglaubt, daß Sie auch diese Empfindungen affektierten, das heißt nicht hätten; denn Ihre Miene, Ihre Augen, Ihr ganzes Wesen, in welchen besonders der Arzt sprechen hört, haben mir jene Überzeugung verschafft.«

Die Ursinus erkannte jetzt offensichtlich, dass sie mit ihren Versuchen, die Richter zu manipulieren und sich als das bedauernswerte Opfer darzustellen, aufgelaufen war. Sie musste sich danach wie entlarvt fühlen.

# Einige rechtliche und rechtsgeschichtliche Anmerkungen

Bevor ich die Situation des Benjamin Klein durchleuchte, ist es sicher interessant, sich mit der Theorie, also den damaligen „Spielregeln" der Rechtsprechnung zu befassen. Das wird aber auch höchste Zeit, denn bislang plaudern wir so über die Vorgänge, als ob das Ganze mehr ein Spiel gewesen wäre – aber das war es nicht! Urteile in Mordverfahren sahen damals auch anders aus als heute, und ich will versuchen, dies ein wenig zu untermauern:

Dazu ist es hilfreich, sich in das Preußen im Jahre 1803 zu versetzen und die damalige Rechtsprechung etwas kennenzulernen. Das ist nicht sonderlich komplex, aber interessant, denn die Uhren gingen damals nicht so wie heute. Der Leser wird dann sehr schnell verstehen, dass das, was hier ablief, nicht ein akademisches Kinderspiel, sondern eine für die Ursinus höchst gefährliche Situation war.

Zuallererst müssen wir unser aktuelles Rechtsverständnis, das auf heutigen Prinzipien beruht, beiseite lassen. Diese Rechtsauffassung, die an das alte römische Recht anknüpft, wurde weitestgehend von Napoleon importiert und 1806 in vielen Staaten in Deutschland übernommen.

Aber 1803 – genau da befinden wir uns in diesem Buch jetzt – galt in Berlin das preußische Landrecht. Ohne zu sehr in Details einzusteigen, ist doch wichtig, dass dieses preußische Landrecht stark von dem deutschen Recht des 18. Jahrhunderts und der Zeit davor beeinflusst war. Nach der Logik dieses alten deutschen Rechtes musste ein Täter überführt werden, und dazu gab es genau zwei Möglichkeiten: Die Aussage von mindestens zwei gut beleumdeten Zeugen (Zeugen, nicht Sachverständige), oder ein Geständnis des Täters. Dort, wo die erste Möglichkeit wegfiel, konnte ein Täter nur verurteilt werden, wenn er gestand. Und – wenn er, trotz dringenden Tatverdachts, nicht gestand, gab es lange Zeit ein probates Mittel: die Folter. War der Angeklagte schuldig, würde die Folter helfen, dass er

gestand (damit man ihn dann ggf. hinrichten konnte), war er unschuldig
– nun, dann würde Gott ihm die Kraft geben, dass er der Folter wider-
stand.

Einen Indizienbeweis gemäß heutigem Verständnis gab es ursprünglich
nicht (jetzt, 1803, jedoch bereits Tendenzen in dieser Richtung).

Und das mit der Folter war zumindest in Preußen um 1800 kein Thema
mehr. Eine der ersten Amtshandlungen von Friedrich dem Großen war
deren Abschaffung.

Jetzt schauen wir in die Paragraphen des preußischen Landrechts, die hier
von Bedeutung sind (es ist erstaunlich, wie detailliert die einzelnen Fälle
und Fallgestaltungen geregelt wurden). Es fällt dabei auf, dass die Richter
eine Art „Was-passiert-dann-Maschine" waren. Es war für jeden Fall soweit möglich bereits detailliert festgelegt, wie die Strafe, die durch die Tat
„verwirkt" war, auszusehen hatte. Ein richterliches Ermessen war nicht
vorgesehen.

Es ist für die folgenden Texte der Paragraphen anzumerken, dass das Wort
„verwirkt" damals eine ganz andere, ja geradezu gegensätzliche Bedeutung gegenüber heute hatte: „verwirkt" hieß fällig geworden, verhängt.
Heute bedeutet „verwirkt", dass man einen Anspruch, den man eigentlich
hat, nicht mehr durchsetzen kann. Wenn aber § 856 von einer „an sich
verwirkten Todesstrafe" spricht, hieß das damals, dass diese jetzt schon
mal auf jeden Fall anzuwenden ist. Wohingegen heute „verwirkte Todesstrafe" heißen würde, dass sie eben nicht mehr angewendet werden kann,
warum auch immer. Klingt leider recht kompliziert, aber ich habe keine
bessere Idee, wie ich es verdeutlichen könnte.

Und selbst bei der Todesstrafe wurde noch fein unterschieden, ob diese
durch das Schwert erfolgte oder durch Rädern vollzogen werden musste.
Wobei sorgfältig auseinanderzuhalten ist, ob die Strafe des Rades „von
oben her" oder „von unten her" erfolgte. Die von „oben her" war etwas

weniger grausam als die „von unten her", aber in beiden Fällen war es ein unfassbar qualvoller Tod. Die letzte Räderung in Preußen fand noch 1841 statt (Rudolf Kühnapfel, der Mörder des Bischofs Andreas Stanislaus von Halten).

Hier, nach diesen Abschweifungen, der für das vorliegende Verfahren relevante Paragraph im Preußischen Landrecht:

> § 856. Auf jede Mordthat, welche unter Umständen, oder durch Mittel verübt worden, die ihrer Natur nach, vorzüglich schwer zu vermeiden oder zu entdecken sind, soll die durch die That an sich verwirkte Art der Todesstrafe durch Schleifung auf den Richtplatz geschärft werden.

Und, um das nochmals ganz klar zu stellen:

> § 857. Dergleichen geschärfte Strafe trifft also denjenigen, der einen Mord durch Gift begangen hat.

Hat also die Ursinus ihren Mann (oder Tante, oder wen auch immer) vergiftet, ist sie gemäß § 857 zu verurteilen, also die ohnehin zu verhängende Todesstrafe (wegen Mordes) wird noch zusätzlich durch „Schleifung auf den Richtplatz" (wegen des Giftes) „geschärft" werden.

Dabei wurde der Verurteilte an einer Schleifvorrichtung oder einem Wagen durch die Straßen geschleift und anschließend auf dem Richtplatz öffentlich hingerichtet, zumeist durch Enthauptung. Rädern war für noch härtere Fälle vorgesehen.

Die Ursinus wird sich dessen wohl bewusst gewesen sein.

Ein weiteres Problem stellt sich dar, wenn die Vergiftung des Bediensteten Klein dazu führt, dass er durch die Vergiftung dauerhaft geschädigt ist.

> § 862. Wenn das, in der Absicht zu tödten, beygebrachte Gift, den Vergifteten wahnsinnig gemacht hat, und die Wiederherstellung des verlornen Vernunftsgebrauches zweifelhaft ist: so hat der Thäter die Strafe des Rades von oben verwirkt.

> § 863. Hatte der Thäter die Absicht, den Vergifteten wahnsinnig zu machen, und ist daraus ein Wahnsinn, dessen Heilung zweifelhaft ist, entstanden; so soll die Strafe des Schwerdtes statt finden.

> § 864. Eben diese Strafe muß erkannt werden, wenn das mit der Absicht zu tödten beygebrachte Gift eine Krankheit verursacht hat, welche den Vergifteten auf Zeitlebens unbrauchbar oder unglücklich macht.

> § 865. Hat das in böser Absicht beygebrachte Gift, nur eine heilbare Krankheit verursacht: so soll nach Beschaffenheit der Dauer und Gefahr dieser Krankheit, eine zehnjährige bis lebenswierige Festungs- oder Zuchthausstrafe statt finden.

Deshalb kam im weiteren Verlauf des Verfahrens der Prognose des behandelnden Arztes Dr. Welper eine besondere Bedeutung zu.

Um es auf den Punkt zu bringen: Kommt der Klein „nicht wieder auf die Beine", bedeutet das die Hinrichtung der Ursinus mit dem Schwert. Erholt sich aber der Klein wieder einigermaßen, besteht die Strafe aus mindestens 10 Jahre Zuchthaus oder Festungshaft. Diese Ausgangssituation macht verständlich, dass die Ursinus sich in einer, sagen wir mal, misslichen Situation befand. Und es ist letztlich auch die einzige Chance der Ursinus, dass sie, trotz der erdrückenden Ausgangslage aufgrund der sehr locker-naiven Beschaffung des Giftes, eine Vergiftung von Ehemann und Tante leugnet, auch wenn das kaum glaubhaft klingt. Ein Geständnis würde unweigerlich zum Todesurteil führen.

Interessant als „Auffanglösung" sind aber auch im 2. Teil, Kapitel 20 des preußischen Landrechts die Paragraphen, die sich, wie man heute sagen würde, auf die Unzurechnungsfähigkeit beziehen. § 17 zitiere ich nur, weil er so unfassbar abstrus ist. Aber § 18 ist konkret von Bedeutung für die Ursinus:

> **§ 17.** Unmündige und schwachsinnige Personen können zwar zur Verhütung fernerer Vergehungen gezüchtigt; niemals aber nach der Strenge der Gesetze bestraft werden.

> **§ 18.** Alles, was das Vermögen eines Menschen, mit Freyheit und Ueberlegung zu handeln, mehrt oder mindert, das mehr oder mindert auch den Grad der Strafbarkeit.

Hieraus erklären sich die verzweifelten Versuche der Ursinus, sich als suizidgefährdet darzustellen oder den Eindruck zu erwecken, dass sie irrational gehandelt habe.

Umgekehrt musste sie nach Lage der Dinge darauf achten, dass ihr nicht die §§ 51 und 52 einen gewaltigen Strich durch die Rechnung machen. Der § 51 ist eine damalige Rechtsnorm, die konträr zu den heutigen Paragraphen der Strafprozessordnung ist (da sieht man besonders die total andere Betrachtungsweise gegenüber heute):

> § 51. Gegen den, welcher durch Erdichtung falscher Umstände den Richter hintergehen will, wird die übrigens verwirkte Strafe allemal geschärft.
>
> § 52. Die Wiederholung gleicher Verbrechen wirkt allemal Schärfung auf das einfache Verbrechen im Gesetze bestimmten Strafe.

Heute darf ein Angeklagter sanktionslos das Blaue vom Himmel herunterlügen.

Übrigens, um das hier einfach schon mal vorweg zu nehmen: Dieser § 52 brachte der Ursinus auch tatsächlich zusätzlichen Ärger. Zu beharrlich hatte sie versucht, dem Klein immer wieder mit den unterschiedlichsten Tricks noch weiteres Gift zuzuführen.

Alle diese Informationen führen uns den Ernst ihrer Lage vor Augen. Und sie machen plötzlich auch all die anscheinend so irrationalen und geradezu wirren, zumindest aber widersprüchlichen Aussagen der Ursinus verständlich und sehr rational: Falls man in der Autopsie Gift gefunden hätte, wären diese unsinnigen Einlassungen, die den Eindruck der Verwirrung machen sollten, ihre einzige Chance, nicht geköpft zu werden!

So, nun mit einem ganzen Bündel an theoretischem Vorwissen wollen wir uns den Stand der Dinge hinsichtlich des Vorwurfs des Mordversuches an Klein ansehen.

## Die Giftanschläge auf Benjamin Klein

Angesichts der sehr eindeutigen Situation hatte die Ursinus sofort eingesehen, dass sie diese Vergiftung nicht leugnen konnte. Dazu gab es zu viele Zeugen: das Opfer, die Kammerjungfer, den Apotheker – das alles war vollkommen überzeugend. Bestreiten half nicht. Aber Abwiegeln: Die Ursinus wäre nicht sie selber, wenn sie das nicht alles herunterspielen würde, und zudem die Ereignisse so umzudrehen versuchte, dass sie damit zugleich ihre eigene Unzurechnungsfähigkeit untermauerte. So wurde es auch dem König in dem Bericht in der wohlgesetzten Ausdrucksweise der damaligen Zeit vorgelegt, dessen Worte den Urteilsbegründungen entnommen wurden. Dort wird sich noch detaillierter zeigen, auf welche zum Teil abenteuerliche Darstellungen die Ursinus im Fall Klein gekommen ist, um der Hinrichtung zu entgehen für den Fall, dass Benjamin Klein die Folgen seiner Vergiftung nicht überwindet.

# Das Gerichtsverfahren 1. Instanz

Es gilt jetzt, etwas detaillierter aufzuzeigen, was das Gericht entschieden hat. Das reine Ergebnis ohne die Hintergründe ist schnell dargestellt. Weitaus interessanter (und wortreicher) ist, wie die Richter die Entscheidung begründet haben.

Das ganz kurze Resumee ist: Freispruch wegen der Mordanklage in Sachen Ragay und Theodor Ursinus. Ein halbherziges „schuldig" wegen des Mordes an der Tante und Verurteilung wegen des Mordversuches an Klein.

Aber, wie kam das Gericht darauf, und wie wurden die Fakten, die wir oben zusammengestellt haben, berücksichtigt und bewertet?

Ich werde versuchen, auszugsweise aus der Begründung die Kernsätze herauszulösen, um einerseits die Gedanken des Gerichtes etwas nachvollziehbar zu machen, aber andererseits zu vermeiden, dass die nächsten 50 Seiten nur mit den Ausführungen des Gerichtes gefüllt werden.

## 1. Ragay

Hier war die Situation eigentlich klar: Die Ursinus hatte sich, außer durch die – na ja – sehr unkonventionelle Verbindung zu Ragay und der später erwiesenen Tatsache des lockeren Umganges mit Arsen, nicht durch irgendwelche konkreten Handlungen verdächtig gemacht. Und Indizien für einen Giftmord gab es nicht – eine Verurteilung in dieser Mordanklage war nicht möglich.

## 2. Theodor Ursinus

Hier war es die Situation schon deutlich anders. Zu Ungunsten der Angeklagten sprach zuvörderst ihr eigenes Verhalten in der letzten Nacht und der vorherige Erwerb von Arsen, der unter dubiosen Umständen ablief.

Zu Ungunsten der Ursinus sprach auch die Bewertung der Obduzenten.

Zu ihren Gunsten sprachen die Aussagen der Ärzte, die zu dem Ergebnis und den Schlussfolgerungen der Obduktion befragt wurden.

Zu ihren Gunsten sprach aber vor allem die Tatsache, dass objektiv kein Arsen in der obduzierten Leiche nachgewiesen wurde.

Das alles wird sehr viel blumiger im Originaltext des Urteils dargelegt werden. Und in diesem Text - trotz des Schlussresumees - meine ich zu erkennen, dass die Richter aufgrund des Verhaltens der Angeklagten (Inquisitin heißt es immer so schön) eigentlich der Überzeugung waren, dass sie den Mord begangen habe. Was, siehe oben, Todesstrafe und zudem noch Schleifen zum Richtplatz bedeuten würde.

Aber das Urteil war ein Freispruch in diesem Fall. Wie wurde das begründet?

In der Entscheidung wurde erst einmal genauestens die Aussage der Ärzte festgehalten, die beim Sterben zugegen waren. Vor allem Dr. Formey nahm sehr dezidiert Stellung und wies weit von sich, dass eine Vergiftung die Todesursache gewesen sein könnte.

Auch der Generalchirurgus Laube und Dr. Brehmer schlossen sich dieser Aussage an, und alle drei beeidigten die Richtigkeit ihrer Diagnose. Als ob sie damit noch richtiger würde.

Dem stand die Aussage der Obduzenten entgegen, dass man aus dem Ergebnis der Obduktion auf eine Arsenvergiftung schließen könne, wobei sie einräumen mussten, dass der konkrete Nachweis von Arsen nicht vorgelegt werden konnte.

Das Gericht konstatierte in seiner Begründung, dass dieser Mangel des konkreten Nachweises des Arsen (hier immer als „corpus delicti" bezeichnet) ausschlaggebend sei. Und die Aussagen der Ärzte stünden im Widerspruch zu den Symptomen einer Vergiftung:

Bei dem Zusammentreffen der beeidigten Angabe dreier Aerzte, bedarf es zur Entscheidung der Frage:

Ob ihre oder der Obduzenten Meinung von der Todes Art des Defuncti die Richtigern sey?

keines Gutachtens des Collegii medici, - auf dessen Einhohlung eventualiter vom Defensor [= *Verteidiger*] der Inquisitin [= *Angeklagten*] angetragen ist. Ueberdies stehet der Meinung der Obducenten noch entgegen, daß der Verstorbene bis am Tage vor seinem Tode, völlig gesund war. Wäre eine Vergiftung im ersten Grade vorhanden gewesen, d. h., hätte der Verstorbene so viel Gift erhalten, daß er in 24 Stunden sterben mußte, so konnten die Zeichen der Vergiftung dem Arzte nicht entgehen, da die Merkmale derselben ganz andrer Art als die sind, die sie bemerkten.

Das Gericht konnte sich aber nicht verkneifen, zum Ausdruck zu bringen, dass das ganze Verhalten der Ursinus höchst verdächtig gewesen sei, und dass man ihren Aussagen zudem nicht über den Weg traute.

Durch die Zuneigung, die sie ihrem Ehemanne bewies und die er dankbar in den Briefen an seine Freunde rühmt, ist es nicht nachgewiesen, daß er würklich von ihr geliebt ist. Es ist glaublich, daß die Eitelkeit, eine vorzügliche Ehefrau seÿn zu wollen, eine Eitelkeit, deren sie geständig ist, und

> die sie zu mehreren Entsagungen verleitete; - sie, der die Heucheleÿ so wenig fremd war, verleitet haben kann, eine Zuneigung zu affectiren, die sie nicht kannte.

Der Einschub „- sie, der die Heuchelei so wenig fremd war" ist entlarvend dafür, wie die Richter die Angeklagte einschätzten. Sie waren überzeugt, eine Angeklagte vor sich zu haben, die ihnen die Unwahrheit sagt und der man keineswegs glauben kann. Und dass es eine Zuneigung zwischen den Eheleuten gegeben hätte, wollten sie der Ursinus nicht abnehmen.

Auch schon der Einkauf des Giftes war sehr dubios. Ihre Begründung, sie brauche das Gift gegen Schädlinge im Haus (egal ob Motten oder Ratten) wurde vom Gericht als Lüge angesehen. So muss man die Formulierung „um, wie sie vorgab, ..." wohl verstehen.

> Die Inquisitin hatte überdies kurz vor dem Tode ihres Ehemannes Gift kaufen wollen, und ihr Benehmen, beim Ankauf desselben ist nicht ganz unbefangen.
>
> Sie selbst hatte es von dem Apotheker Thiemann gefordert, um wie sie vorgab, Motten damit zu tödten und als dieser ihr und ihrem Ehemanne nachher Arsenik brachte, und ihr das Unzweckmässige beim Gebrauche vorstellte, so sagte sie: um den Thiemann von weiteren Demonstrationen abzuleiten, daß sie es zur Vertilgung der Ratten gebrauchte, obgleich es deren gar nicht im Hause gab. Nach diesen Umständen würde die Inquisitin schon gesezlich einer Giftmischung verdächtig seyn, wenn es nicht am Corp. delicti ermangelte.

> Durch den Mangel desselben verliehren aber diese nahen Anzeigen ihr Gewicht, und die Entfernteren aus dem Betragen der Inquisitin am Tage des Todes hergeleiteten, warden mit diesen entkräftet.

Es gab eben nach Feststellung des Gerichts keinen Nachweis des Corpus delicti, also kein Gift, und somit keinen Giftmord. Und wo kein Mord ist, ist auch kein Täter, so verdächtig auch ihre Aussagen zu dem Ablauf in der Todesnacht waren, die zudem das Gericht zum großen Teil als klare Lüge ansah. Und den Rest wollte das Gericht ebenfalls nicht glauben, wie es in der Begründung darlegte. Man spürt förmlich, wie die Richter es bedauerten, dass sie alle die so hervorragend passenden Fakten für irrelevant erklären mussten:

> Es kommt daher auf die durch die sorgsame Nachforschung der Inquirenten ausgemittelte Unwahrheiten, deren sich Inquisitin in der Erzählung von der Krankheits-Geschichte ihres Ehemannes und ihrer Teilnehmung schuldig gemacht hat, nicht an. Man kann es daher übersehen, daß es
>
> 1)     höchst unwarscheinlich ist, daß sie in der Nacht, wo ihr Mann krank wurde, die zu ihren Domesticken führende Klingel gezogen hat, um deren Hülfe zu haben;
>
> 2)     daß es unwahr ist, daß sie diese Nacht über in ihren Kleidern gewesen, wie sie behauptet,
>
> 3)     daß der Arzt es bestreitet, daß er verordnet habe, ihr Ehemann sollte sich immer ein Brechmittel vorräthig halten;

> wären auch alle diese Umstände in contrarium erwiesen; wäre es selbst wahr, daß Inquisitin erst ganz spät auf den Gedanken gekommen wäre, die Hülfe eines Arztes zu verlangen, so liesse sich doch daraus immer noch nicht auf ein Verbrechen schließen, ein Schluß, der nothwendig gemacht werden muß, wenn die Thatsachen die Kraft von Anzeigen eines Verbrechens haben sollen.

## 3. Christiane Witte

Verglichen mit der Situation Theodor Ursinus war man hier noch ein bisschen näher an „schuldig" oder, etwas flapsig gesagt, an „vielleicht schuldig".

Zu ihren Ungunsten sprach auch hier der Obduktionsbericht.

Auch zu ihren Ungunsten sprach wiederum das Verhalten der Angeklagten, wobei sie sich hier mit ihren Ausführungen selber noch tiefer hineinritt als schon im Fall Theodor Ursinus. Sie baute ja schon vor, dass sie in einer Art geistiger Umnachtung ihrer Tante vielleicht „versehentlich" Arsen gegeben haben könnte. Das war nun schon sehr dicht dran an einem echten Geständnis.

Zu ihren Gunsten sprach ein bisschen, dass die Ärzte hier ebenfalls andrer Meinung waren, allerdings nicht so entschieden wie die Ärzte im Fall Theodor Ursinus.

Zu ihren Gunsten sprach vor allem aber die Tatsache, dass objektiv kein Arsen in der obduzierten Leiche nachgewiesen wurde.

Eigentlich war das Ganze eine Wiederholung des Ablaufes bei Theodor Ursinus, nur war das Verhalten der Ursinus noch ein Stück verdächtiger, waren ihre Ausflüchte noch ein Stück wirrer, und es war der Widerspruch der Ärzte ein Stück weniger heftig. Und zudem hatten die Ärzte in der Provinz (Charlottenburg) nicht das Renommee der Berliner Koryphäen.

Die Ausrede mit der Schädlingsbekämpfung klang sehr unwahrscheinlich, und vorsichtshalber schob sie jetzt auch noch „Eigenbedarf" für einen Suizid nach (was ihr keiner der Richter glauben wollte), und zu guter Letzt räumte sie noch ein, dass sie der Tante vielleicht versehentlich Gift gegeben haben könnte (...so was kann ja mal passieren...).

Aber - was so wirr klang und auf den ersten Blick auch so aussah, hatte nach meinem Dafürhalten eine eiskalte Logik: Verurteilung wegen Vergiftung heißt: Hinrichtung mit dem Schwert und Schleifen durch die Straßen zum Richtplatz.

Wenn die Aussage der Ärzte nicht reichte, eine Verurteilung zu verhindern, gab es als Rückfallmöglichkeit eigentlich nur die Unzurechnungsfähigkeit, und je wirrer ihre Einlassungen waren, desto größer war die Chance, dass man ihr diese Unzurechnungsfähigkeit zubilligen würde.

Allerdings hatten die Richter für dieses Spiel so gar keine Sympathie, wie wir im weiteren Verlauf noch sehen werden. Aber erst einmal setzen sie sich mit der verdächtigen Art auseinander, wie sich die Ursinus Gift beschaffte.

> Inquisitin schrieb, nachdem sie sich 4 Tage bei ihrer Tante aufgehalten hatte (am 20ten Janr. 1801) an den Apotheker Thiemann, er möchte ihr eine gute Portion Gift, etwas stärker als das letzte mal zur Vertilgung der Ratten, die ihre Tante habe, schicken; es jedoch so einpacken, daß niemand errathe, was darinnen sey.

> Sie erhielt hierauf von ihm 12 Loth Arsenic und führte dieses in Charlottenburg bei sich, dieser Umstand, zu dem noch kommt, daß die Inquisitin von ihrer Tante ein beträchtliches Vermögen zu hoffen berechtiget war, macht sie der That dringend verdächtig, da beide Umstände gesetzlich genugsame Anzeigen sind.

Wieder also war die Schädlungsbekämpfung der Vorwand, sich Gift zu besorgen, aber warum dann so kompliziert aus Berlin? Und warum auch so konspirativ?

Und dann fand das Gericht noch eine interessante Regelung, auch wenn die schon fast 300 Jahre alt war und in einer Sprache verfasst, die man schon damals kaum noch verstand. Sie sagte aus, kurz gefasst: Wenn einer sich ohne einleuchtenden Grund Gift besorgt, und man findet dann anschließend einen Vergifteten, mit dem er entweder Streit hatte oder dessen Ableben ihm Vorteile brachte, so ist er praktisch automatisch schuldig.

Die Fundstelle ist der Artikel 37 der „Peinlichen Halsgerichtsordnung, Kaiser Karl V." Hier der genaue Text für die Leser, die das Abenteuer eines Gesetzestextes aus der ersten Hälfte des 16. Jahrhunderts auf sich nehmen wollen:

> "item so der Verdacht überwiesen wird, daß er Gift gekauft, oder sonst damit umgegangen und der Verdacht mit dem Vergifteten in Uneinigkeit geweßt, oder aber von seinem Tode Vortheil oder Nutzen erwartend wäre, oder sonst eine leichtfertige Person, zu der man sich der That versehen mögte, das macht eine redliche Anzeigung der Missethat,

> er könnte dann mit glaubigem Schein, anzeigen, daß er solch Gift zu andere unsträflichen Sachen gebraucht hätte, oder brauchen wollen."

Da die Ursinus es nicht schaffte (wir werden ihre Versuche gleich noch sehen), mit „glaubigem Schein" darzulegen, dass sie das Gift für „unsträfliche Sachen" gebraucht hatte oder brauchen wollte, wäre sie schon alleine aus diesem Grund schuldig. Aber, das muss man ihr lassen, sie hatte versucht, es so zurechtzubiegen, dass es aussah, als ob sie das Gift irgendwie anders hätte gebrauchen wollen. Nur - geglaubt hat ihr das keiner. Aber dennoch, sie versuchte es erst wieder mit der Schädlingsbekämpfung, auch wenn gar keine da waren, und danach mit der Verwendung für einen Selbstmord:

> Diesen Beweis hat die Inquisitin nicht führen können. Es ist erwiesen, daß im Hause ihrer Tante keine Ratten waren. Der Vorwand unter dem sie Gift forderte, war falsch und die Inquisitin hat zur Entfernung des Verdachts in der Behauptung, daß sie das Gift zum Selbstmorde habe gebrauchen wollen, ihre Zuflucht nehmen müssen, - dieses Vorgeben wird aber durch die Umstande so wenig unterstützt, daß man ihm gar keinen Glauben beilegen kann.
>
> Nach dem Tode ihres Ehemannes und nach der Genesung ihrer Krankheit, die ihr gleich nach dessen Tode befallen, sei ihr - so sagt Inquisitin - die Welt ganz verändert vorgekommen und selbst ihre Hausgenossen hätten das gewohnte Betragen geändert. Darüber sei sie in Schwermuth

gefallen und habe gedacht: „Du thust besser, wenn du deine GlücksGüter andern läßt, die sie besser geniessen können und still aus der Welt gehst", dieser Gedanke sey zum Entschlusse gereift als sie bei ihrer Tante gehört habe, daß ihre Schwester, die Hofräthin Hake ihrer Tante Vorwürfe über ihre Zuneigung zu ihr (der Inquisitin) gemacht hätte.

Jetzt war die Geduld der Richter am Ende ihrer Strapazierfähigkeit. Ein Selbstmord aus dem Motiv heraus, dass ihre Schwester ihr den Vorwurf gemacht haben soll: „Die Tante hat dich lieber als mich", das fand man dann doch zu bunt. Ich halte die Formulierung in der Urteilsbegründung: „Dieses Gerede trägt indessen das Gepräge der Unwahrheit." für sehr gelungen:

Zur Ausführung des beschlossenen Selbst Mordes habe sie vom Chirurgus Pohl und Apotheker Thiemann, Arsenik gefordert und um gegen alle ärztliche Hülfe gesichert zu seyn und um weniger Aufsehen zu machen, habe sie den Selbstmord in Charlottenburg ausführen wollen. Dieses Gerede trägt indessen das Gepräge der Unwahrheit. Die Inquisitin war, wie ihr Arzt versichert, nach dem Tode ihres Ehemannes keinesweges krank, sondern heuchelte eine Nerven Krankheit, die gar nicht existirte.

Übrigens stimmte da auch einfach nichts. Nach glaubhafter Aussage ihrer Schwester ist ein solcher Satz nie gefallen, und es wäre auch nicht so gewesen, dass Charlotte die Lieblingsnichte ihrer Tante gewesen wäre.

Und dann griff das Gericht nochmals auf, dass die Aussage, sie, die Ursinus könnte vielleicht in Verwirrung die Tante vergiftet haben, höchst verdächtig war, ebenso ihr Verhalten bei der Obduktion (wo sie schon einmal vorarbeitete, falls man Gift finden sollte):

Die Inquisitin wird überdies verdächtig, weil sie wiederholentlich eingestanden hat, daß es möglich sei, daß sie in der Schwermuth, der Tante Gift gereicht haben könne (ein Bekenntniß, das sie ohne die Ueberzeugung von der Wirklichkeit, schwerlich abgelegt haben würde) und ihr studirtes Betragen, bei den Obduction des Leichnams, verräth daß sie nicht die volle Ueberzeugung von ihrer Unschuld hatte.

Hätte sie diese gehabt, so würde sie bei der Nachricht, daß die Obduction der Tante erfolgen solle, nicht wankend zur Kirche gegangen seyn, und ausgerufen haben:

„Wenn es seÿn muß, so muß ich mich dem unterwerfen; Findet man etwas (Gift) so bin ich schuldig, findet man nichts, so bin ich unschuldig aber auch im ersten Falle werden meine Richter, denen ich sehr für die Milde danke, mit welcher sie mich behandeln, nicht wissen: ob ich absichtlich meiner Tante Gift gegeben habe."

Alle diese Umstände enthalten freilich kein Zugeständniß, indessen verstärken sie die gesetzlichen Anzeigen so, daß sich eine außerordentliche Strafe gegen die Inquisitin rechtfertigen läßt, daher die wegen der Vergiftung des Klein zu wählende Strafe geschärft werden muß.

Das alles machte die Ursinus nach Auffassung des Gerichts sehr verdächtig.

Man hatte sie zwar nicht überführt, weil der Giftnachweis fehlte. Aber wegen der starken Verdachtsmomente verschärfte man die Strafe, die sie wegen des letzten Anklagepunktes erhalten hat, indem man dort statt der Mindeststrafe (10 Jahre Festungshaft) einen lebenslänglichen („lebenswierigen") Arrest aussprach. Übrigens: diese Konstruktion der „Verdachtsstrafe" war schon damals höchst umstritten, das Gerichtsverfahren um die Ursinus scheint einer der letzten Fälle gewesen zu sein, in dem sie (in erster Instanz) eingesetzt wurde. Die zweite Instanz hob dieses Urteil wieder auf.

Wobei allerdings die Frage im Raum stehen bleibt, warum die fast identische Gemengelage im Falle des Theodor Ursinus zu einem Freispruch, im Falle der Christiane Witte aber zu einer Strafe führte.

Beide Male war es nicht gelungen, das Arsen direkt nachzuweisen. Beide Male wiesen die behandelnden Ärzte zurück, dass sie vielleicht eine Vergiftung als solche fehlerhafterweise nicht diagnostiziert hätten.

Dann fehlen aber ausreichende Gründe, die unterschiedlichen Ergebnisse in der Beurteilung dieser beiden Mordverdachtsfälle nachvollziehbar zu machen.

Mein Eindruck aus der Begründung ist, dass die Richter empört waren, dass die Ursinus ihnen so unwahrscheinliche Geschichten auftischte, so dass diese Verdachtsstrafe eine fast impulsive Reaktion war.

## 4. Klein

Hier gab es ein klares „schuldig" und lebenslange Festungshaft.

Aber, um etwas mehr auch in den Einzelheiten und Gründen nachzuforschen, kommen hier die genaueren Erwägungen und Feststellungen, die das Gericht der Ursinus nachgerade um die Ohren gehauen hat. Die Sachverhalte, die hier aufgezählt werden, sind natürlich dem Leser bereits bekannt. Umso besser gelingt es dann, dem Text zu entnehmen, wie das Gericht selbst sie einordnet und wertet. Und es ist unterschwellig der Unmut darüber zu verspüren, dass die Ursinus mit ihren Aussagen das Gericht nachgerade veralbern wollte.

Wobei der Leser sich darüber klar sein muss, dass er eine komfortablere Position hat, um die Situation zu beurteilen. Denn er kennt ja von Anfang an den Ausgang der ganzen Geschichte. Anders als die Ursinus, die nach Aufdeckung der Versuche, Benjamin Klein zu vergiften, in die Verhöre kam und überhaupt nicht wusste, wie ihre Lage einzuschätzen war. Sie konnte nicht absehen, was die Obduzenten herausfinden werden, was die Ärzte aussagen und wie ihre eigenen Aktivitäten, insbesondere die Giftbeschaffung, gewertet werden würden.

Aber sie war sich mit Sicherheit darüber im Klaren, dass ein „schuldig" im Falle „Theodor Ursinus" ein Todesurteil bedeutete, wenn ihr nicht noch der Nachweis der Unzurechnungsfähigkeit gelänge.

Und das Gleiche galt natürlich auch im Fall der „Christiane Witte".

Die Auseinandersetzung mit den Aussagen der Obduzenten einerseits und der Ärzte andererseits war Aufgabe ihres Verteidigers. Aber an dem Nachweis der Unzurechnungsfähigkeit, da konnte sie selber mitwirken und sie versuchte ja auch fleißig, sich entsprechend darzustellen.

Im Fall Benjamin Klein war es etwas anders. Denn er schaffte es, die Vergiftungsversuche zu überleben. Aufgrund der Beweislage stand es von vorneherein außer Frage, dass die Ursinus versucht hatte, Benjamin Klein zu vergiften. Und sie hatte gestanden, ihm Gift zugeführt zu haben.

Hier hing es jetzt am seidenen Faden der ärztlichen Prognose, nämlich ob Klein wieder in ein halbwegs normales Leben zurückfinden würde, oder ob er „zeitlebens unglücklich" sein würde.

Im ersteren Fall hieße das Festungshaft, im letzteren ebenfalls wieder Hinrichtung - es sei denn, es gelänge ihr, das Gericht von ihrer Unzurechnungsfähigkeit zu überzeugen.

Nachdem Klein das Gift, wie man sich damals ausdrückte, „genossen" hatte, muss er in einem körperlich desolaten Zustand gewesen sein.

Diese genannten Symptome wurden etwa sechs Wochen nach der Vergiftung diagnostiziert, also offensichtlich schüttelt man eine Arsenvergiftung nicht einfach locker wieder ab.

Der aktuelle ärztliche Befund zu Beginn der Untersuchungen sah so aus:

> Das beigebrachte Gift hat zwar nicht den Tod des Kleins bewirckt; allein eine schmerzhafte langewierige Krankheit veranlaßt, deren Ausgang Anfangs sehr bedenklich schien.
>
> Am 17. März sagte der Welper zu den Acten an, daß der Klein
>
> 1) an beständigen Uebelkeiten, Neigung zum Erbrechen, heftiges Würgen
>
> 2) Schneiden im Unterleibe
>
> 3) quälenden Durst, Trockenheit des Halses, und Zusammenschnürung deßelben

4) die großer allgemeine Schwäche des Körpers und öftere Ohnmachten

5) anhaltige Kopfschmerzen

6) an Durchfall mit heftigem Stuhlzwang

7) unausstehliger Hitze, und

8) gänzlicher Schlaaflosigkeit,

gelitten habe; daß aber die gewählte Behandlungsart den auffallendsten Nutzen und die größeste Erleichterung für den Kranken gezeigt habe, daß sich die gefährlichen Zufälle größtentheils verlohren hätten, und er die größeste Hoffnung habe, den Kranken wieder herzustellen.

In seiner spätere Anzeige (vom 21 Maÿ 1803) sagte er:

auch die zweckmäßigste innerliche und äußerliche Behandlung, und die angemeßenste Diaet, sind bis jezt noch nicht im Stande gewesen alle Uebel zu heben. Oeftere Fieberanfälle, wiederkehrender Krampf, Uebelkeiten, Kopfschmerzen, Herzensangst, außerordentliche Schwäche, unangenehmer Geschmack, Schmerzhaftes Urin lassen, Leibesverstopfung, Mangel des Appitits usw. sind Zufälle die den Kranken abwechselnd belästigen, und nicht selten sein Leben aufs neue in Gefahr setzen und zulezt fügt er hinzu: hieraus erhellet, daß bey den obwaltenden Umständen, kein bestimmtes Urtheil über den Klein gefällt werden kann.

Die Ursinus kannte eben nicht jetzt schon den Ausgang des gesamten Verfahrens, anders als der Leser. Im Gegenteil, es ging bei ihr, ganz wörtlich, um Kopf und Kragen.

Dazu möchte ich noch darauf hinweisen, dass in den ganzen Unterlagen, die ich gesichtet habe, es keinerlei Hinweis oder auch nur Andeutung gibt, dass die Ursinus als Frau Geheimrätin in irgendeiner Form eine Art „Prominentenrabatt" gehabt hätte. Ich bin überzeugt, dass ein „schuldig" in mindestens einem der beiden ersten Fällen tatsächlich zu einer Hinrichtung geführt hätte, genauso bei einer Konstellation, in der Benjamin Klein eine negative Prognose für den Heilungsverlauf gehabt hätte.

Ihre Verteidigungsstrategie im Fall Klein lief darauf hinaus, dass sie nicht die Absicht gehabt hätte, Benjamin Klein zu töten. Und die Tatsache, dass sie, wie sie sagt, ihm eigentlich ohne Grund Gift gegeben habe, würde zeigen, dass sie zu dem Zeitpunkt nicht klar bei Verstand und somit unzurechnungsfähig gewesen wäre.

Jetzt wollen wir sehen, was das Gericht dazu zu sagen hat. Wobei der Sachverhalt, der nochmal aufgezählt werden muss, uns bekannt ist, und durch das Geständnis ist er auch unstrittig. Interessant aber ist, was die Ursinus alles drumherum erfunden hat und wie sie sich darstellte,  natürlich mit dem Ziel, sich als „imputationsunfähig" darzustellen, also als jemand, der keine Schuldeinsicht haben konnte.

Und natürlich war es für das weitere Verfahren von eminenter Bedeutung, ob es für Benjamin Klein eine Aussicht gab, die Folgen der Vergiftung wieder einigermaßen zu überwinden. Der abschließende Befund, der dann in der Entscheidung zugrunde gelegt wurde, klang verhalten optimistisch. Der Medizinalrat Welper sagte

daß er aber nach dem höchsten Grade der Wahrscheinlichkeit behaupten könne:

> daß der Klein, dessen Gesundheitszustand durch die erlittene Vergiftung sehr geschwächt worden seÿ, zwar wohl noch eine geraume Zeit, die Merkmale der Schwäche an sich tragen werde; dem ohngeachtet aber nicht auf Zeit Lebens unbrauchbar und unglücklich gemacht worden sey, indem die noch vorhandenen Beschwerden bei einer fortgesetzten zweckmässigen, innerlichen und äusserlichen Behandlung sich auch verliehren würden; — daß aber hierzu noch viele Monathe nöthig seyn könnten.

Damit ging das Gericht davon aus, dass Klein nicht zeitlebens „unbrauchbar" oder „unglücklich" sein würde.

Somit war damit zu rechnen, dass der „mildere" Paragraph 865 zur Anwendung kam. Ein Ergebnis, das aber die Ursinus während ihrer Verhöre noch nicht wissen konnte, sie musste sich bei ihren Aussagen darauf einstellen, dass die Hinrichtung durch das Schwert drohte.

Dies führte zu abenteuerlichen Erklärungen.

> Die Inquisitin erklärte, als ihr die Frage vorgelegt wurde, in welcher Absicht sie dem Klein Gift gegeben habe:
>
> Einen vernünftigen Grund zu dieser Handlung könne sie nicht angeben. Sie sei zuerst dadurch auf den Gedanken gerathen, dem Klein Gift zu geben, weil dieser ... nachdem der General Chirurgus Laube ein Abführungsmittel zur Wiederherstellung verschrieben hatte, zu ihr gesagt habe: er hätte lieber etwas zum Erbrechen, als zum Abführen eingenommen. Sie habe geglaubt, daß Arsenic in einer gerin-

> gen Portion ihn zum erbrechen reitzen, und solchergestalt nicht allein ganz unschädlich, sondern sogar nützlich seyn würde. In dieser Absicht habe sie den Arsenic in die Bouillon gethan. Da der Arsenic bei dem Klein ein Erbrechen bewürkt habe, und der Klein, obgleich er das Gift erhalten hätte, noch immer auf gewesen seÿ, so habe sie dem Klein (der den Wunsch mehr zu brechen, geäußert habe) theils, um ihn zum Erbrechen zu verhelfen, teils um die Würkungen des Arseniks zu sehen, Gift in einer Rosine gegeben, und nachher in Reiß und in den Pflaumen beizubringen gesucht.

Es gehörte schon ein großes Maß an Kaltschnäuzigkeit dazu, das Gift, das sie ihm gegeben hatte, als Medizin darzustellen, mit der sie den Klein hätte heilen wollen. Ich vermute, dass diese Darstellung auf die Formulierung des § 864 zugeschnitten war, der ja aussagt: *„wenn das <u>mit der Absicht zu tödten</u> beygebrachte Gift eine Krankheit verursacht hat, ...“*

Und so hat sie ganz dick aufgetragen: Sie hätte ihn ja zu einem guten Zweck vergiftet, in der Gewissheit, ihm damit einen Gefallen zu tun. Niemals hätte es eine Absicht gegeben, ihn zu töten.

Dazu kam noch eine weitere Strategie, ähnlich wie im Falle der Christiane Witte, nämlich wieder das Suizid-Thema. Wobei es diesesmal einen etwas anderen Zungenschlag hatte: Der Klein war sozusagen ein Experiment. Sie wollte an seinem Verhalten lernen, wieviel Gift sie für sich selbst brauchen würde.

> Sie habe noch immer die Absicht, sich selbst zu tödten gehabt, und bei dieser Gelegenheit sehen wollen, wie viel Gift

> sie, zur Selbsttödtung, nöthig habe. Als die Inquirenten der Inquisitin das Unwahrscheinliche dieser Behauptung und die inneren Widersprüche in ihren Angaben vorhielten, erwiederte sie:
>
> sie müsse zugeben, daß die Argumentation der Inquirenten sehr vernünftig sey, in der Stimmung wo sie damals gewesen sey, habe sie keine solche Schlüsse machen können; sie habe gedacht: du willst einmal probiren, welche Wirkung Gift hervorbringt; du hast gehört, daß es, in kleinen Quantitäten, nicht schadet, du wirst sehen, ob das wahr ist. Ist es nicht wahr, so kannst du ja alle Hülfsmittel brauchen, daß es ihm keinen bleibenden Nachtheil verursacht; und in beiden Fällen wirst du ja sehen, welche Portion du nehmen mußt, um zu sterben -; sie habe sehen wollen wie man sich dabei gebehrde, denn sie hätte gehört, daß ein Fräulein von Alvensleben sich an die Erde geworfen hätte.

Das waren jetzt Aussagen, die gleich zwei Verteidigungsstrategien bedienten: Zum einen sollte damit glaubhaft werden, dass sie keine Tötungsabsicht hatte (wobei der Schluss obiger Erklärungen nur noch schwer damit vereinbar war), und zum anderen sollte das Ganze etwas wirr klingen. Das würde es erleichtern, das Gericht zu überzeugen, dass sie nicht mit normalen Maßstäben zu messen sei, sondern ihr die Einsicht in das Schuldhafte ihres Handelns fehlte.

Nur wollte das Gericht da jetzt gar nicht mehr mitspielen, es kommentierte das Verhalten nicht so, wie es die Ursinus und ihr „Defensor", also Verteidiger, gerne gehört hätten:

> Sie gestand ein, daß ihr Betragen mit der Natur eines vernünftigen Menschen, nicht vereinbar seÿ; sie behaupte aber, in ihrer damaligen Stimmung in ihrem Kopfe sei es sehr vereinbar gewesen, und nie habe sie die Absicht, den Klein zu tödten, gehabt.
>
> Die innere Unwahrscheinlichkeit dieser Angaben, ist durch die Untersuchung ganz aufgedekt.

Das Gericht setzte jetzt ärztliche Gutachten dagegen, deren Inhalt einen normalen Patienten, gerade solchen, der psychische Schwierigkeiten befürchtet, in helle Begeisterung setzen würde. Das Ergebnis war nämlich, dass die Ursinus geistig voll auf der Höhe und selbstverständlich auch in jeder Hinsicht „imputationsfähig", also einsichtsfähig war.

> Die Inquisitin und ihr Defensor haben das Inkonsequente in dem Verfahren aus einer Zerrüttung der Seelen Kräfte der Inquisitin, warscheinlich zu machen gesucht; aber ihre Bemühungen sind fruchtlos geblieben; da sie sich auf falsche Voraussetzungen gründeten. Die Inquirenten haben eine genaue Untersuchung des Gemüthszustandes der Inquisitin, veranlaßet, deren Resultat aber keinesweges der Schilderung, die der Defensor davon macht, entspricht.

Und auch ihr Hausarzt stellte klar, dass sie keinerlei psychische Auffälligkeiten gezeigt habe. Bei ihm klang das ganz besonders überzeugend.

Der General-Chirurges Laube, der sie während der Krankheit des Klein, also zu der Zeit sah, wo sie die Zerrüttung ihres Geistes gehabt zu haben behauptet, versichert:

er habe die Inquisitin immer mit lustigem Humor, begleitet gefunden, und niemalen Ausgelassenheit oder überspannte NervenZufälle zu bemerken Gelegenheit gehabt. Die Inquisitin sei ihm als eine Frau von starken Geisteskräften, von denen sie immer den richtigsten Gebrauch zu machen gewusst habe, bekannt, und nach seinem pflichtmässigen Ermessen, habe sie die Folgen ihrer Handlungen ganz einsehen können.

Diese für den Verstand der Inquisitin vorteilhafte Zeugnisse, rechtfertigen jeden Verdacht, gegen die Richtigkeit eines Bekenntnisses, worin sich die Inquisitin einer zwecklosen Handlung anklagt, oder die gewählten Mittel mit dem Zwecke unvereinbar sind.

Auch über das Motiv machte sich das Gericht Gedanken, denn schlielich hatte die Ursinus ja vorgetragen, dass sie keinerlei Grund gehabt hätte, ihren Bediensteten zu töten. So dass ihre Handlungen ja nur auf eine geistige Verwirrung zurückzuführen sei.

Es fehlte ihr auch nicht an Veranlassungen zu einer solchen That. Der Klein hatte ihr Vertrauen. Er wuste daß sie zu heirathen wünschte; ihm hatte sie dieses mit dem beschämenden Zusatze:

> es giebt noch so viele in Berlin, die heirathen wollen und ich habe Vermögen und bin nicht häßlich eingestanden; ihn hatte sie als Kundschafter über die Verhältnisse ihrer Liebhaber gebraucht, und er, der sich mit ihr gezankt hatte, wollte itzt ihren Dienst verlassen. Bei einer Frau wie die Inquisitin, die sich selbst einen unbändigen Ehrgeiz beilegt, konnte die Furcht, daß der Klein, das ihm geschenkte Vertrauen, welches ihm zu, ihr lästigen Vertraulichkeiten verleitete, mißbrauchen könne, den Gedanken, den ihr gefährlichen Menschen zu tödten, veranlassen. Hiernach läßt sich annehmen, daß Inquisitin dem Klein, wenn nicht in der Absicht zu tödten doch wenigstens in keiner guten Absicht zweimal Gift gegeben und dadurch bei diesem eine heilbare Krankheit veranlasset.

Nun hatte das Gericht an Fakten und Grundlagen genug zusammengetragen. Jetzt folgen die ganzen rechtlichen Schlussfolgerungen. Die wichtigten Paragraphen wurden ja bereits in einem Kapitel zuvor dargelegt. Aber nun stellt das Gericht die Urteilsgründe und die rechtlichen Grundlagen zusammen. Ich möchte diesen Umfang nicht in wörtlichen Zitaten darstellen, denn dies würde sich über mehrere Seiten hinziehen, ohne dass die Mühen des Lesens in besonderer Weise belohnt würden. Die Leser kennen ja inzwischen die Paragraphen und ihre Anwendung.

Also fasse ich kurz zusammen: Da die Prognose für den Klein positiv ist, liegt die Strafe für die versuchte Vergiftung bei 10 Jahren Festungshaft.

Diese wird gedoch „geschärft" zu lebenslänglicher Festungshaft aus zwei Gründen:

Der erste ist die Hartnäckigkeit, die die Ursinus bei der Vergiftung des Klein gezeigt hat. Sie hat immer wieder, auf den verschiedensten Wegen, über mehrere Tage hinweg versucht (nicht immer erfolgreich), ihm Gift zuzuführen (Boullion, Rosinen, Reis, Pflaumen). Dies wirkte sich strafverschärfend aus.

Den zweiten hat das Gericht so ausgedrückt:

„Dazu kommt, daß sie wegen des gegen sie streitenden dringenden Verdachts der Ermordung ihrer Tante eine Strafe verwirkt hat". Sie bekommt also eine Strafverschärfung auch wegen des Verdachts, die Tante ermordet zu haben, ohne dass sie expressis verbis dieses Mordes für schuldig erklärt wurde.

Nachstehend ist die Abschrift des Urteils aus der Gerichtsakte.

Aber - das Urteil wurde nicht rechtskräftig, die Ursinus legte Berufung ein.

*Abschrift*                                                                         2

Auf die gegen die Wittwe des Geheimen Justiz Raths und Regierungs Directors,

des Ursinus, Charlotte Sophie Elisabeth geb. v. Weiß eingeleitete

Untersuchung

hat Numehr die Criminal-Deputation des Kammergerichts, den nachstehenden

October hindurch, für Recht:

Daß *formalia* der Untersuchung richtig und *quo ad Materialia*, Inquisitin,

die Wittwe des Geheimen Justiz Raths und Regierungs-Directors, Charlotte

Sophie Elisabeth geborne v. Weiß,

I. wegen der unternehmenden Vergiftung:

    a, des im Jahre 1797 zu Berlin verstorbenen holländischen Officiers Ragay,

    b, ihres am 11ten Septbr. 1800 verstorbenen Ehemanns, des Geheimen Justiz,

        Raths und Regierungs-Directors Theodor Gottlieb Ursinus

völlig frey zu sprechen:

II. wegen der Vergiftung ihrer am 24ten Januar 1801 verstorbenen

    Tante Christiane Sophie Regine Witten, und

III. wegen der unternehmenden dargereichten Vergiftung des dienenden Benja-

    min Klein, mit einer Lebensverlängerung Zuchthausstrafe zu belegen;

    Inquisitin auch gehalten die Kosten der Untersuchung zu tragen.

    Die Urtelsgebühren werden auf 50 rh: die Copialien auf 5 rh.

    und die Erstellungsgebühren auf 6 rh festgesetzt.

    Den Inquirenten haben binnen 8 Tagen eine vollständige Liquidation

    zur Festsetzung einzureichen.

# Das Gerichtsverfahren der 2. Instanz

Die Ursinus legte gegen dieses Urteil Berufung ein, erklärte sich aber bereit, schon jetzt ihre Haftstrafe anzutreten, was sich aber letztlich dann doch bis zum Urteil der 2. Instanz verzögerte.

Wenn also das Verfahren in der 2. Instanz und zugleich der Antritt der Haftstrafe parallel verliefen, möchte ich mich hier im Folgenden erst einmal auf das Gerichtsverfahren bis zu seinem Abschluss (und ein paar Anmerkungen dazu) konzentrieren, um die Berichte über den Strafvollzug zurückzustellen und dann geschlossen zu beschreiben.

Merkwürdigerweise wurde in den alten Berichten und in der Literatur (Der neue Pitaval, Stephany) kaum oder gar nicht über die zweite Instanz berichtet.

Bevor ich aber auf das Verfahren vor dem Berliner Appellationsgericht eingehe, will ich einen Aufsatz aus einem Buch vorstellen. Es ist 1804 von Metzger geschrieben, dieser Autor wurde bereits weiter vorne als „Nestor der Gerichtsmedizin" erwähnt. Er hatte in den letzten Jahren des 18. Jahrhunderts beschrieben, wie ein Nachweis von Arsen zu erfolgen hätte.

Jetzt aber hatte er, der inzwischen im höheren Alter die interessanten Kriminalfälle immer noch beobachtete, eine fachmännische Stellungnahme zu den Obduktionen im Fall Ursinus verfasst. Ich will ihn kurz zusammenfassen.

Joh. Fan. Metzger

„gerichtlich-medicinische Abhandlungen, zweiter Theil, Königsberg 1804"

Metzger war natürlich im wesentlichen an der Obduktion interessiert, er hat die Berichte genau durchgelesen und sich auch mit den Schlussfolgerungen auseinandergesetzt.

Geradezu begeistert war er von dem Ansatz, eine Obduktion auch nach zwei Jahren und darüber hinaus auszuführen, seinem Aufsatz ist zu entnehmen, dass das damals sehr ungewöhnlich war. Es kann also davon ausgegangen werden, dass den Obduzenten kaum, wenn überhaupt, Vergleichsmaterial oder frühere Berichte vorlagen.

Aber ansonsten spart Metzger nicht mit Kritik (es findet sich bei solchen Gegebenheiten stets jemand, der im Nachhinein alles besser zu wissen glaubt). Er meint, man hätte Leichenteile verbrennen sollen, am besten in einem verschlossenen Gefäß, der Knoblauchgeruch hätte dann Arsen nachgewiesen. Er meint dazu, dass er selbst eigentlich nicht viel davon hält, aber vielleicht hätte es ja doch geklappt.

Wobei ich in allen Akten keinen Bericht der Obduzenten gefunden habe, in dem sie, sozusagen als Laborprotokoll, dargelegt hätten, welche einzelnen Untersuchungen sie vorgenommen hatten. Es wurde nur im Obduktionsbericht kurz erwähnt, dass es Akten dazu gäbe. Ich glaube auch nicht, dass Metzger solche Unterlagen zur Verfügung standen, denn das, was er an Fakten aufzählt, das kannten wir schon. Damit aber ist dann sein Beitrag ziemlich spekulativ.

Ansonsten sinniert Metzger noch etwas darüber, dass auffallenderweise beide Leichname in weitgehend unverwestem Zustand exhumiert wurden, aber außer einigen Fragen konnte er dazu auch nicht so recht etwas beisteuern.


## Gutachten

Im zweitinstanzlichen Verfahren wurde eine Gutachterkommission eingerichtet, die sich mit den Argumenten, vor allem aber den Bewertungen der Tatsachen kritisch auseinandergesetzt hatte, wobei auch hier manche offenen Fragen zurückblieben.

Dieses Gutachten macht auf mich allerdings den Eindruck, als ob man nicht etwa die Fakten zusammengesammelt hat und dann daraus eine Schlussfolgerung ableitete, sondern als ob man das Ziel vor Augen hatte, wie die Stellungnahme des Gutachtens aussehen soll, und sich dann zurechtgelegt hat, wie man die Fakten dem unterordnen könnte.

Wegen der Länge des Gutachtens soll es hier nur zusammengefasst dargestellt werden.

Eine Kommission in der zweiten Instanz hatte von einem Collegium ein Gutachten, ein „Responsum medico legale" bestellt, also eine Art medizinisch-rechtliches Werk, in dem eine Reihe von gestellten Fragen beantwortet werden sollten.

Ich habe den Unterlagen nicht die genaue Funktion dieser Kommission entnehmen können, aber es interessieren uns hier die sachlichen Inhalte dieser Stellungnahme, nicht die verwaltungsorganisatorischen Gegebenheiten von vor über 200 Jahren im damaligen Preußen.

Zuerst bestätigten die Gutachter nochmals, dass in beiden Obduktionen kein Arsen nachgewiesen wurde. Sie spekulierten, ob es sich vielleicht irgendwie habe verflüchtigen können, um dann aber auch diese Frage zu verneinen.

Auch die Brandflecken oder die nur teilweise eingesetzte Verwesung sahen die Gutachter nicht als mittelbare Zeichen einer Arsenvergiftung.

Bei der Witte hätten die Ärzte (Gönner und Pohl) es bemerken müssen, wenn eine Arsenvergiftung vorgelegen hätte.

Hinsichtlich des Klein waren die Gutachter der Auffassung, dass er noch keineswegs wieder hergestellt gewesen sei, und dass seine Beschwerden wahrscheinlich auf die Vergiftung zurückzuführen sind. Angesichts des bisherigen Heilungsverlaufes erwarteten sie jedoch völlige Wiederherstellung innerhalb einer Jahresfrist. Oder - im nächsten Absatz - dann vielleicht doch nicht.

Man sieht, ein solches Gutachten ist sehr hilfreich...

Datiert den 4. Dez. 1803, unterschrieben von „Decanus und Räthe des königl. OberCollegii medici et sanitatis"

Das Gutachten ist mit sieben Unterschriften unterzeichnet, wobei ich es sehr befremdlich finde, dass eine davon die des Arztes Formey war. Er behandelte Theodor Ursinus am Sterbetag und bezog jetzt als vermutlich nicht sehr neutraler Gutachter Stellung dazu, ob die behandelnden Ärzte eine Vergiftung hätten erkennen müssen.


## Ein „Schriftsatz" der Ursinus

Ein wesentlicher Punkt des Gutachtens war, dass bei Christiane Witte kein Gift festgestellt worden sei. Die mittelbaren Zeichen wollten die Gutachter nicht gelten lassen.

Dies hatte dazu geführt, dass die Ursinus sich zu Wort meldete. Natürlich durfte sie keine Schriftsätze einreichen, aber sie hat „einen Brief an die Familie" geschrieben, wohl wissend, dass alle Briefe durch eine Kontrolle laufen und dieser Brief somit auch das Gericht erreicht.

Und genau dafür hat sie ihn geschrieben, wobei sie fröhlich durcheinander warf, dass das Gutachten keineswegs schon ein Urteil war. Aber das Schreiben ist so interessant, dass ich es in vollem Wortlaut wiedergeben möchte. Nicht wegen bestechend scharfer Logik oder geschliffener Ausführung oder gar einer sorgfältig aufgebauten Argumentation. Denn von alledem ist nichts in dem Schreiben zu finden. Aber es gibt einen entlarvenden Einblick in die emotionale Denkweise und die extreme Egozentrik der Ursinus.

Der Leser mag sich selbst ein Bild davon machen, wie dieses Schreiben einzuordnen ist und wie man damit umgehen soll. Allerdings muss ich gestehen, dass ich, um das Lesen dieses Schriftsatzes zu erleichtern, ihn mit meinen Kommentaren gegliedert habe, und ich habe es schlicht nicht geschafft, diese neutral zu halten.

Im ersten Teil ihres Briefes beschreibt sie so theatralisch wie nur möglich, welch flammendes Unrecht ihr mit den Mordvorwürfen angetan worden wäre. Dass diese jedoch auf ihr mehr als seltsames Verhalten (ich denke an die Arsenbeschaffung und die sehr theoretischen Erklärungsversuche) zurückzuführen ist, möchte sie nicht erwähnen oder gar kommentieren.

»Meine Verurteilung und meine Verteidigung sind durch den Abdruck der Sentenz und der Defensionsschrift erster Instanz bekannt geworden. Sowenig ich mich bei jener beruhigen konnte, so wenig ist diese vollständig, und überhaupt hat sich die Lage der Sache seit dem Druck dieser Schriften sehr verändert.

Kaum vermag ich mich jetzt ohne Zerrüttung meines Verstandes und ohne völlige Zerstörung meines ganzen Wesens an die Beschuldigung des Gatten- und Mutterschwester-Mordes zu erinnern. Mit Empörung meines Innersten denke ich an die schrecklichen Augenblicke zurück, in denen mich alle Schauder des Todes an den offenen Gräbern meiner geliebten Verwandten ergriffen, alle Qualen der kalten Grausamkeit umschwebten und alle Furien des tausendstimmigen Vorwurfs verfolgten, die so sanft in meinen Armen entschlummerten, meuchlings gemordet zu haben! Wäre damals der Wunsch meines Herzens erfüllt und von der Vorsicht die Stimme meines übermenschlichen Jammers erhört worden, so hätte sie durch ihre Allmacht in diesen Momenten mit der Vernichtung meines Lebens auch meine Leiden geendigt und dennoch alle die Beweise meiner Unschuld ans Licht gebracht, durch die jetzt die Unwahrheit jener grausigen Mordbeschuldigungen dargetan ist.

Aber nicht so war es beschlossen. Die Vorsicht hat mich härteren Prüfungen unterworfen und mir den Trost, nunmehr die Schreckensvorwürfe vernichtet zu sehen, erst jetzt, nach zehnmonatigem Leiden, gewährt, die ebenso unaussprechlich empfunden als unbeschreiblich schmerzhaft gewesen sind. Ich danke aber der Allmacht diese Befreiung von der öffentlichen Schmach mit gerührter Seele. Durch weise, einsichtsvolle Männer ist mit Kraft und überwiegender Gelehrsamkeit dargetan, daß meine Mutterschwester durch kein Gift ihr mir so teures Leben verloren hat.

Wer mich zuerst als Mörderin unserer Verwandten auf Tod und Leben angeklagt hat und welche Anzeigen dieser unerhörten Anklage der Art zu den Akten gekommen sind, die einen solchen Grad von Wahrscheinlichkeit haben konnten, mich so ungeheuren Untaten fähig und juristisch-verdächtig zu halten – das ist mir noch jetzt ebenso unbekannt, als es mir unbegreiflich bleibt, wie die Meinung der gerichtlichen Ärzte, welche in ihrem über den Befund der Leicheneröffnung erstatteten Gutachten aus zum Teil den bisherigen Prinzipien der gerichtlichen Arzneikunde geradezu wider-

> sprechenden Gründen behauptet haben, daß meine Mutterschwester wahrscheinlich an Gift gestorben sein könne, als rechtlicher Entscheidungsgrund in der ersten Sentenz angenommen und auf diese Wahrscheinlichkeit eine Gewißheit gegründet worden, daß dennoch die Verstorbene vergiftet und ich, wegen des Verdachts, ihr Gift gegeben zu haben, strafbar sei –?

Jetzt folgt eine Urteilsschelte der 1. Instanz (wohlgemerkt: noch gibt es kein Urteil 2. Instanz, lediglich ein Gutachten, das eine Vergiftung nicht für wahrscheinlich hält - allerdings auch nicht ausschließt).

Aber die Interpretation der Ursinus, die das Gutachten zur absoluten Wahrheit erklärt, ist schon frech. Vor allem wenn man sich nochmals vor Augen führt, wie sehr ihr eigenes Verhalten auf zwei an Ehemann und an Tante verübten Giftmorde hinwies.

> Gern bescheide ich mich, daß diese Entscheidung, deren inneren Zusammenhang ich nicht einsehe, dennoch der pflichtmäßigen Überzeugung meiner Richter gemäß war; ebenso gewiss wird aber auch das Gefühl meiner Unschuld und mein Bewusstsein, daß nie der Gedanke eines Mordes meine Seele befleckt hat, gegen das Urteil jedes Sterblichen ewig, fest und unerschütterlich bleiben.
>
> Jene Wahrscheinlichkeit ist aber nach dem Zeugnis und der Entscheidung der höchsten Behörde gar nicht vorhanden, und sie kann daher selbst nach den Formen des positiven Rechts nicht die geringste weitere Rücksicht verdienen. Auf

mein wiederholtes Bitten und den Anträgen meines Herrn Defensors gemäß sind sämtliche Untersuchungsakten einem hochpreislichen Ober-Collegio medico et sanitatis vorgelegt, sorgfältig geprüft und nach einstimmiger Beurteilung vom 4. Dezember als unabänderliches Resultat festgesetzt worden, daß aus den bei der Leicheneröffnung meiner am 24. Januar 1801 verstorbenen Mutterschwester vorgefundenen physischen Erscheinungen, bei der gänzlichen Abwesenheit des Gifts, und folglich bei dem absoluten Mangel eines Corpus delicti eine Vergiftung zwar möglich, aber nicht als wahrscheinlich angenommen werden könne, und daß also durch die Untersuchungen, welche die Obduzenten und einige der geschicktesten Chemiker mit dem Leichnam derselben angestellt haben, die Wahrscheinlichkeit einer Vergiftung auf keinerlei Weise begründet werden könne.

Vergeblich bin ich daher mit dem Vorwurf jenes schändlich schrecklichen Verbrechens zehn Monate lang in allen peinlichen Formen der strengsten Kriminalprozedur verfolgt, gequält, erschüttert, an Seele und Körper zerrüttet und der Schmach des Publikums preisgegeben worden – dessen Wahrscheinlichkeit, die jetzt mit der höchsten moralisch-rechtlichen Gewißheit erwiesen ist, nie vorhanden war. Vergeblich sind die Gräber meiner Lieben geöffnet, die Reste der Toten zerstört und Auftritte veranlaßt worden, die in der ersten Residenzstadt Europas im Jahrhunderte der Bildung und Humanität unter den Augen des liebreichsten, menschenfreundlichsten Monarchen beispiellos bleiben und bei

> der nächsten Nachwelt keinen Glauben mehr finden werden. Vergeblich bin ich Unglückliche von unmenschlichen Schriftstellern als ein Ungeheuer anderen zum schrecklichen Beispiel aufgestellt, tausendfach gemordet und noch in Gemälden mit den schwärzesten, giftigsten Farben zur Warnung der Zeitgenossen und Nachkommen zum ewigen Gedächtnis überliefert worden.

Es ist fast unglaublich - die Ursinus sieht sich als absoluten Gutmenschen.

> Ich beweine mein Schicksal, wie die Beschränkung und Verworrenheit des menschlichen Wissens, das in dieser traurigen Geschichte meiner Leiden und Vergehen bei unstreitig sehr verschiedenen gerechten und unrechtlichen Absichten bisher überall die Wahrheit nicht erforschte und sich durch Meinungen einer Wahrscheinlichkeit täuschen ließ, von denen jetzt gewiß ist, daß sie auf keinerlei Weise begründet werden konnte, und die nach physischen Erscheinungen und Untersuchungen der geschicktesten gerichtlichen Ärzte und Chemiker nicht stattfand.
>
> Wenn mich bisher das traurige Gefühl der Kränkungen, die ich durch die Beschuldigung der nicht einmal wahrscheinlichen Vergiftung meiner Mutterschwester erlitten habe, und der Gedanke, daß mir dadurch alles entrissen ist, was mir im Leben lieb, wert, geachtet und heilig war, zu einer kühnen und in meiner Lage zu heftigen Sprache verleitet haben sollte, so möchte ich nun auch Worte finden für das

Bekenntnis meiner Schuld und Ausdrücke für die Reue und Zerknirschung meines Innersten, mit der ich es freiwillig, vor der Überführung, ablegte. Nie ist der Gedanke eines Mordes in meiner Seele entstanden; nie habe ich die Idee eines Totschlags ohne Schauder denken können, und doch beruht es in der Wahrheit, daß ich meinem Bedienten Gift geben wollte, ohne die Absicht, ihm zu schaden, und ohne den Willen, sein Leben und Gesundheit zu zerstören, wirklich Gift gegeben habe.

Vergeblich werden sich Richter, Psychologen und Philosophen bemühen, bei dieser unseligen Begebenheit überlegte Vorsätze, durchdachte Pläne, berechnete Motive und konsequente Absichten darzutun. Alle Voraussetzungen, Hypothesen, Konjekturen und Probabilitäten werden und müssen in ihre eigene innere, unhaltbare Nichtigkeit zusammenstürzen, weil auch hier die Wahrheit ihr Recht behauptet und ihr zum Trotz der menschliche Witz und Scharfsinn in einer Begebenheit keinen Zusammenhang erschaffen kann, der nicht vorhanden war, und den Zweck einer Handlung nicht festzustellen vermag, wo kein Zweck gedacht wurde. Wo keine Besonnenheit stattfand, wo Beschränkung des Willens, Befangenheit der Urteilskraft und Krankheit des Seelenorgans die einzigen Bedingungen der Möglichkeit sind, eine Handlung zu begehen, da können auch sie allein nur hinreichende Gründe sein, die Wirklichkeit der Handlung zu begreifen, und die wahre Entschuldigung solcher Vergehen ist die wahre Geschichte ihrer Entstehung.

Fast schon wieder faszinierend ist es, wie sie es noch andeutet, dass eigentlich der Mordvorwurf daran Schuld ist, dass sie ihren Diener zu vergiften versuchte. Sie selbst wäre quasi nur noch willenloses Werkzeug gewesen. Wobei sie jetzt, zurückschauend, ja ihren Diener zu vergiften versuchte, ohne dass es zu dem Zeitpunkt irgendeinen Mordverdacht gegen sie gab. Sie hat da ganz gewaltig etwas durcheinandergebracht, und durch den Denkfehler entpuppen sich die ganzen aufgeblähten Worte zu einem bloßen Geschwätz, das sie nicht durchdacht hatte. Ihre Kausalkette kann so nie funktioniert haben!

> Dies ist mein unglücklicher Fall. Meine zerstörte Gesundheit, meine exaltierte Gemütsstimmung, meine beständigen körperlichen Leiden, die durch das reizbarste empfindlichste Nervensystem verursacht und schmerzlich vergrößert wurden, hatten das auf Idiosynkrasie gegründete, durch überspannte Phantasie erhöhte Gefühl des Lebensüberdrusses in mir erweckt und befestigt. So war ich aus der Bahn des vernünftigen Handelns gewaltsam herausgeworfen, und so verlor ich die Sicherheit meiner moralischen Existenz. Mein Verstand flatterte, meine Vernunft konnte dem Druck der Leiden nicht widerstehen; ich fühlte Widersprüche in mir, die ich nicht lösen konnte, deren Auflösung ich jenseits erwartete – und doch zu erwarten kraftlos, zu unmutig und zu ungeduldig geworden war. Gefühle des Schmerzes, des Mißmuts und der Traurigkeit in der Gegenwart, Ahnungen, Wünsche und Hoffnungen in der Zukunft wogten und wechselten in meiner schwachen Seele und beherrschten willkürlich mein Gemüt und meinen Geist. Die Last des Daseins wurde mir unerträglich, die Sehnsucht, sie abzu-

> werfen, siegte, ich beschloß, im stillen ein Leben zu endi-
> gen, das ich geräuschlos geführt hatte. Gift sollte mir das
> Mittel sein, diesen Entschluß auszuführen – und der Besitz
> dieses Mittels (von dessen wahrer Beschaffenheit und Wir-
> kung nach verschiedenen Modifikationen ich eigentlich nur
> einen dunklen Begriff hatte) ist der Grund meines Verder-
> bens geworden.

Und hier bringt sie es tatsächlich fertig, für die schweren Symptome des
Klein nach seiner Vergiftung seine „individuell-schwächliche Körper-
konstitution" mitverantwortlich zu machen.

> In einem Augenblick, wo ich keiner Besinnung fähig war,
> habe ich die Tat begangen, deren Strafbarkeit ich fühle und
> deren Folgen zu meiner einzigen Beruhigung von der wal-
> tenden Allmacht nicht so gefährlich geworden sind, als es
> anfänglich schien. Nach dem Gutachten des Physikus und
> Obermedizinalrat Herrn Welper hat der Genuß des Giftes
> (die schon durch Blutsturz und Anlage zu Kolikschmer-
> zen zerstörte) Gesundheit des Bedienten Klein auf eine
> schmerzliche Art angegriffen und ihm bei seiner offenbar
> individuell-schwächlichen Körperkonstitution dennoch we-
> der einen bleibenden Nachteil noch sonst eine schädliche
> und gefährliche Verletzung seiner Organe zugezogen.
>
> Es ist vielmehr nach ebendiesem, durch die Entscheidung
> des hochpreislichen Ober-Collegio medico et sanitatis in
> der Hauptsache bestätigten Gutachten – den vorhandenen

Merkmalen zufolge und da sich die Zeichen seiner Gesundheit nach und nach wieder eingestellt, seine Kräfte auch beträchtlich zugenommen und seine Krankheitsanfälle nachgelassen haben – seine gänzliche Genesung und die völlige Wiederherstellung seiner zerrütteten Gesundheit dergestalt zu erwarten, daß er in der Mitte oder zu Ende des künftigen Sommers, spätestens aber in Jahresfrist, als ganz geheilt wird betrachtet werden können.

Meines Ideenganges bin ich mir in den Momenten des Vergehens nicht bewußt gewesen. Meine Angaben in den Akten sind einzelne, abgerissene, isolierte, vielleicht ganz, vielleicht zum Teil unrichtige Reminiszenzen vieler schnell vorübergegangener flüchtiger Gedanken, deren Entstehung und Zusammenhang ich ebensowenig angeben als meine aktenmäßigen Angaben speziell zurücknehmen, abändern und berichtigen kann.

Ich kann nur so viel in mein Bewußtsein zurückrufen, daß mich die schaudervollen Beschuldigungen des Mordes meiner geliebten Verwandten völlig betäubt, zerstört, vernichtet und jeder Erinnerung und Überlegung unfähig gemacht hatten, so auch, daß ich nicht imstande war, einen Zusammenhang in meinem Gedächtnisse zu finden und mir bei den Antworten die Vergangenheit zu vergegenwärtigen, was doch notwendig gewesen wäre, wenn ich die Gewißheit der Geschichte des Ideenganges bei meinem Vorgehen mit eigener zuverlässiger Überzeugung von der Richtigkeit meiner Erzählung bekunden sollte.

Den Willen, die Wahrheit hierüber zu sagen, habe ich jederzeit gehabt; ob mir aber meine Ideen, so wie ich sie auf Befragen nach meinen damaligen dunklen verworrenen Erinnerungen angab, in jenen unglücklichen Augenblicken wirklich vorgeschwebt haben – das vermag ich jetzt nicht zu beteuern, und deshalb weiß ich nicht, ob die Wahrheit meines Ideenganges in meinen Angaben enthalten ist oder ob mich selbst meine Geisteszerrüttung dabei getäuscht habe.

Den Vorsatz, meine Richter und meine Mitmenschen über meine wahre Schuld zu täuschen, habe ich nie gehabt. Wie aber meine Angaben erklärt, welche Folgerungen aus ihnen gezogen und welche sich geradehin widersprechende und gegenseitig vernichtende Beschuldigungen der widernatürlichsten Absichten wiederum auf diese Erklärungen und Folgerungen gegründet sind, ergeben die Gründe des ersten Urteils. Weder die Absicht, Versuche über die Wirkungen des Arseniks zu machen, noch Beobachtungen über die Todesart und das Sterben der Arsenik-Vergifteten in der Todesstunde anzustellen, sind in irgendeinem psychologischen Zusammenhange mit der Geistesstimmung einer entschlossenen Selbstmörderin denkbar; und daß äußere Motive mich nicht zur Tat bestimmt haben, ist durch den erwiesenen Mangel dieser Motive zugleich dargetan.

Weder Haß noch Rache, noch Furcht, noch irgendeine andere Leidenschaft konnte mich zu dieser Tat veranlassen, und da dies aktenmäßig ausgemittelt ist, so steht die Voraussetzung der Absicht, den Bedienten aus dem Wege zu schaffen, im Urteil erster Instanz mit der wahren Geschichte der Tat und allen sie begleitenden Umständen im Widerspruch. Sie kann daher ihre Entstehung nicht erklären und ebendeshalb sich selbst nicht rechtfertigen. Hätte ich diese Absicht (bei deren bloßem Gedanken ich zittre) je gehabt, so läßt sich nicht denken, daß ich sie so, wie die Geschichte des Vergehens ausgemittelt ist, ausführen konnte und wollte.

Ein großer Teil meines Vermögens war in solchen an jeden Inhaber zahlbaren Papieren, die ich überall selbst mitnehmen oder durch andere einziehen konnte. Nichts hielt mich ab zu fliehen. Mein Entschluß zu sterben war fest und unerschütterlich – und war von Dauer, die an Unsterblichkeit und Wiedervergeltung glauben, kann denken, daß ich mich in den letzten Augenblicken habe mit einem Morde beflecken wollen und auch nur diesen Gedanken zu fassen imstande gewesen sei? – Juristisch steht nunmehr fest, daß ich von dem Verdachte, die nicht einmal wahrscheinliche Vergiftung meiner Mutterschwester verübt zu haben, bei dem absoluten Mangel eines Corpus delicti völlig freigesprochen werden muß.

Über mein wahres Vergehen erwarte ich mit stiller, reuevoller Ergebung von der Gerechtigkeit, Einsicht und Milde meiner künftigen Richter und von der Gnade des Königs Majestät mein Endurteil.«

Kurz nach diesem Schreiben erging das Urteil 2. Instanz.

## Das Urteil

Das Urteil der 2. Instanz brachte keine allzu großen Überraschungen. Dass nach dem eingeforderten Gutachten ein Freispruch ergehen würde, was die Anklage wegen des Giftmordes an der Tante anbelangt, war zu erwarten.

Nicht zu erwarten allerdings war diese Art von Freispruch, man muss sich das mal auf der Zunge zergehen lassen: Die Angeklagte würde „zwar nicht gänzlich aber doch vorläufig, bis auf nähere Anzeigen, freyzusprechen seyn". Ein vorläufiger Freispruch als Verfahrensabschluss - das ist doch mal eine ganz andere Variante.

Es ist wohl dazu gekommen, weil das Verhalten und die Aussagen der Ursinus eigentlich nur damit erklärt werden konnten, dass sie ihre Tante vergiftet hat und sich mit allen Mitteln jetzt daraus herauswinden wollte. Ihren Darstellungen aber hat keiner der Richter geglaubt.

Aber man spürt den Ärger des Gerichtes, dass es keinen eindeutigen Nachweis einer Arsenvergiftung gab.

Hier folgen einige Auszüge aus den Überlegungen des Berufungsgerichts. Am Strafmaß selbst hatte sich gar nichts geändert.

...Hiernach hat die Criminal-Deputation des Cammergerichts die Inquisitin, wegen Vergiftung ihrer Tante, der Witten, und wegen wiederholentlich versuchter Vergiftung des Bedienten Klein zu einem lebenswierigen Festungs-Arreste verurtheilt.

Die Inquisitin hat dagegen die weitere Vertheidigung ergriffen und in der zweyten Instenz hat das Ober Collegium Modicum ein Gutachten abgegeben, worin die Vergiftung der Witten nach den ausgemittelten Umständen zwar für möglich, aber nicht für wahrscheinlich gehalten und behauptet wird, daß durch die von den Obducenten und Chemikern mit dem Leichnam der Witte angestellten Untersuchung die Wahrscheinlichkeit einer stattgefundenen Vergiftung der Witte auf keinerley Weise begründet werde. Den Zeitpunkt der völligen Wiederherstellung des Klein haben die Sachverständigen jezt noch weiter hinausgesetzt. Das Ober Collegium Modicum hat selbst seinen Gesundheits-Zustand untersucht, und demnächst sein Gutachten dahin abgegeben, daß die völlige Wiederherstellung des Klein innerhalb Jahresfrist mit Wahrscheinlichkeit zu erwarten stehe, daß aber mit Bestimmtheit kein Termin angenommen werden könne, wo derselbe von den Folgen des Gifts wieder hergestellt sein werde. Damit stimmen auch andere Aerzte überein. Der Ober Appellations Senat des Kammergerichts ist bey diesen Umständen der Meinung, daß die Inquisitin von der ihr angeschuldigten Vergiftung der Witte zwar nicht gänzlich aber doch vorläufig, bis auf nähere Anzeigen,

freyzusprechen seyn würde; daß die Inquisitin aber schon
wegen des an dem Bedienten Klein verübten Verbrechens
die erkannte Strafe des lebenswierigen Festungsarrest verwürkt habe, und derselbe hat daher erkannt,

daß das Erkenntniß der Criminal-Deputation des Cammergerichts zu bestätigen, und es bey dem der Inquisitin dadurch auferlegten lebenswierigen Festungs-Arreste zu belaßen:

Berlin den 8ten Februar 1804

# Teil 2: Die Zeit nach dem Urteil

Es ist noch nicht einmal ein Jahr her, dass die Ursinus, mitten in einer Whist-Partie, verhaftet wurde, und jetzt ist sie, soeben auch in zweiter Instanz zu lebenslanger Festungshaft verurteilt. Es war jedoch nicht so einfach, den passenden Ort für den Strafvollzug zu finden. Die Schwester der Ursinus, Hofrätin Anna Friederike Henriette Haak geb. von Weiss, die sich sehr engagiert um sie kümmerte, wollte auf jeden Fall vermeiden, dass die Ursinus in Spandau einsitzt. Offensichtlich war sie besorgt, dass die räumliche Nähe dazu führen würde, dass der Name und die Tat in dem Ort, wo sie, die Schwester, ebenfalls wohnte, im Gedächtnis bliebe und somit der Makel des Verbrechens sie und ihre Familie dauerhaft belasten würde.

Es gab einigen amtlichen Schriftverkehr, der auch bis zum König reichte, bis man sich endlich auf einen Ort einigen konnte.

Ohnehin fällt es auf, dass einerseits die Entscheidungen oft lange dauerten und die Bürokratie die Abläufe hemmte, umgekehrt aber oft Schreiben schon am nächsten oder übernächsten Tag beantwortet wurden. Was aber besonders erstaunlich ist, dass in so viele Vorgänge immer wieder der König eingebunden wurde. Und sich einbinden ließ!

Der zweite Teil dieses Buches, der den Strafvollzug beschreibt, soll einige interessante Stationen schildern und einen Eindruck geben, wie die Haftbedingungen waren. Aber dabei darf er sich nicht in den Details verlieren.

Zudem möchte ich, um einen Eindruck zu bekommen über die lange Zeit in dem abgelegenen Ort einerseits, und über die sich anfangs nachgerade überschlagenden Ereignisse der damaligen Weltpolitik andererseits beides zum Anfang eines jeden Jahres gegenüberstellen. Damit soll aber nicht eine Art Geschichtsbuch entstehen, sondern lediglich deutlich werden, wie die Jahre mit den kleinen Problemen in der Haft schleichen, während zumindest anfangs sich die Ereignisse außerhalb der Mauern des Gefängnisses überschlagen.

Porträt Friedrich Wilhelms III. von Ernst Gebauer nach einem Gemälde François Gérards (Quelle Wikipedia)

Bevor aber die einzelnen Jahre betrachtet werden, soll ganz kurz der preußische König, Friedrich Wilhelm III. vorgestellt werden. Er wird im weiteren Verlauf mehr Profil gewinnen, denn er hat sich einige Male direkt in die Abläufe eingemischt.

König Friedrich Wilhelm III. wurde 1770 geboren und starb 1840, also erst nach dem Tode der Ursinus. Er wurde 1797 gekrönt, also in dem Jahr, als der Liebhaber der Ursinus, Ragay, starb.

Nach dieser Vorrede werden wir jetzt chronologisch das weitere Leben der Ursinus – nach der Verurteilung – ansehen.

# 1803

**Soeben haben die Großmächte Österreich, Russland und Preußen das Königreich Polen aufgeteilt. Ein Teil Polens wurde Westpreußen, das vorher isolierte Ostpreußen konnte integriert werden, Preußen hatte jetzt mit Russland eine direkte Grenze. Preußen war also sehr mächtig**

> **geworden, allerdings wurde deutlich, dass Napoleon in Frankreich expansionistische Bestrebungen hatte. Während Österreich und Russland gegen Frankreich kämpften, blieb Preußen neutral.**

In dem Fall Ursinus erging das Urteil in der 1. Instanz, es lautete auf lebenslange Festungshaft. Die Ursinus legte zwar Rechtsmittel ein, aber erklärte sich bereit, die Festungshaft schon jetzt anzutreten.

Allerdings verzögerte sich der Strafantritt durch den Winter, so dass der Vollzug erst im Jahr 1804 begann.

## 1804 (1. Jahr der Gefangenschaft)

> **Preußen versuchte weiterhin, seine Neutralität beizubehalten, die Bedrohung durch Napoleon wuchs aber weiter. Napoleon ließ sich in diesem Jahr in Frankreich zum Kaiser krönen.**

Gegen die Ursinus erging nun das Urteil in der 2. Instanz, welches das erstinstanzliche Strafmaß bestätigte.

Schon im Vorjahr entspann sich eine Diskussion um den geeigneten Festungsort. Während der Großkanzler von Goldbeck, zugleich Innenminister, sich für Glatz, einem kleinen Städtchen an der Neiße in Südschlesien, aussprach, favorisierte der König Glogau (ja, er musste mit eingebunden werden und hatte sich auch mit dem Thema auseinandergesetzt).

Letztlich konnte aber schon 1803  von Goldbeck seinen König überzeugen, dass Glatz der geeignetere Ort war: Nebenstehend ist der Scan der Notiz von Friedrich Wilhelm III. an seinen Großkanzler (wobei ein Schönschreibkurs für den König uns heute das Lesen sehr erleichtert hätte):

Transkrirbiert lautet der Text:

Mein lieber Großkanzler von Goldbeck! Auf Euren Bericht vom 10ten d.M., den anliegend Ihr hierbey zurükerhaltet, gebe Ich Euch hierdurch zu erkennen, daß der in der Festung Glatz angezeigteste Raum, zur Aufnahme der Geheim Räthin Ursirus, durch Versetzung geschaft werden kann, dies geschehen, und die Ursinus sodann dorthin transportiert werden soll, und will Ich hiernach die Festungsannahme Ordre, so wie zu seiner Zeit Eure anzeigen wegen der über das Vermögen der Ursinus anzuordnenden Curatel gewärtigen, als Euer wohlaffectionirter König Friedrich Wilhelm

Potsdam den 15ten November 1803.

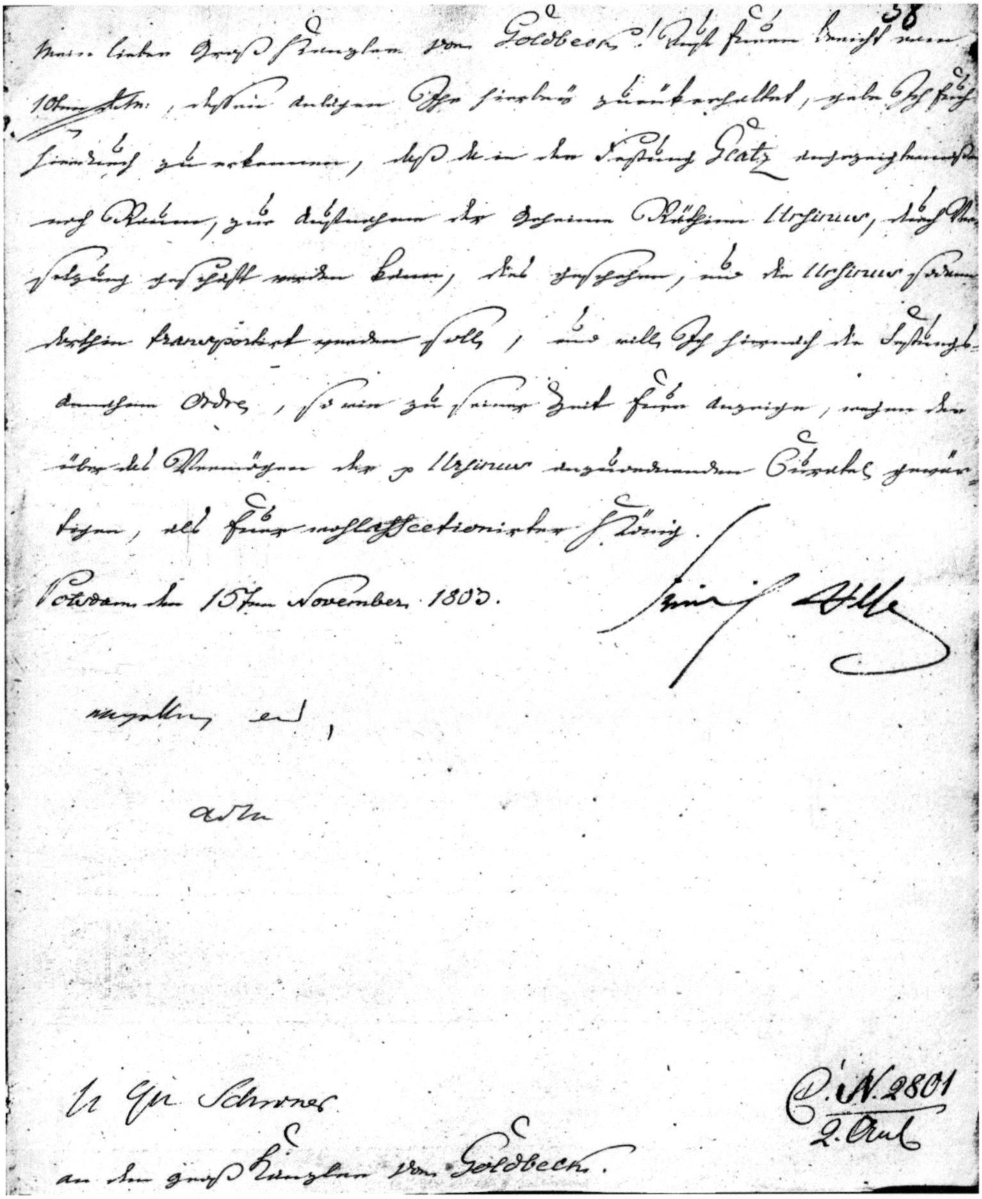

Mein lieber Groß Kanzler von Goldbeck! [illegible] Euch
[illegible], [illegible] habe Ich [illegible]
[illegible] zu erkennen, [illegible] in der Festung Glatz [illegible]
[illegible], zur [illegible] der [illegible] Ursinus, [illegible]
[illegible], [illegible], wie der Ursinus [illegible]
dahin transportiret werden soll, [illegible] will Ich [illegible] der Festungs-
[illegible] Ordre, [illegible] zu seiner Zeit [illegible] anzeigen, [illegible] der
[illegible] der zu Ursinus [illegible] [illegible], [illegible]
[illegible], als Euer wohlaffectionirter König.

Potsdam den 15ten November 1803.

[signature]

an den Groß Kanzler von Goldbeck.

Aber zu allem Überfluss, als ob die anfangs unterschiedlichen Meinungen des Königs und seines Großkanzlers noch nicht ausgereicht hätten, mischte sich auch noch die Schwester der Ursinus ein, die absolut gegen Glatz war, mit den Argumenten, dass

*„Glatz eine stark befeßtigte Grenzstadt sey, wegen ihrer Lage und sonstigen Unzugänglichkeit von aller menschlichen Communication getrennt; der Gemüths- und cörperliche Zustand ihrer Schwester sey aber von der Art, daß sie, ohne wahnsinnig zu werden, nicht von aller menschlichen Gesellschaft abgeschieden werden könne, daß sie bey Tage und bey Nacht die Hülfe des Arztes bedürfe und in jeder Rücksicht die sorgfältigste Pflege und Wartung haben müße."*

Es ist nicht sehr verwunderlich, dass sie damit den Großkanzler oder den König nicht umstimmen konnte. Für eine Verbrecherin, bei der es vor wenigen Monaten noch um die Frage ging, ob man sie nicht doch enthaupten sollte, waren das wahrlich abartige Animositäten.

Schon in dem Schreiben des Königs wird erwähnt, dass die Ursinus unter Curatel, also eine Vormundschaft in finanziellen Angelegenheiten, gestellt werden soll. Dazu erging dann ein Auftrag an das „Pupillenkollegium", eine Justizbehörde für Vormundschaftsangelegenheiten. „Pupille" hat nichts mit den Augen zu tun, sondern ist ein inzwischen veralteter Ausdruck für Unmündige (vergl. „pupil" engl. für Schüler und auch für Mündel). Mit der Anordnung dieser Maßnahme sollte verhindert werden, dass sich die Ursinus in ihrem Gefängnis dank ihres Geldes ein Luxusleben erkaufen könnte.

Der König ließ sich darüber detailliert aus. Es entsteht fast der Eindruck, also ob ihn die Ursinus mehr interessierte und er mehr Zeit darauf verwendete als auf irgend soeinen Franzosen, der da Napoleon hieß…

Mein lieber GroßeCanzler v. Goldbeck.

Indem Ich Euch das Mir mittelst Berichts vom 15ten d. M. von Euch eingereichte von dem Ober-Appellations-Senat des Cammergerichts wider die verwittwete Geheime Räthin Ursinus gebohrne v. Weiss in zweiten Instanz abgefaßte Erkenntniß, wodurch die derselben wegen Giftmischereÿ in erster Instanz zuerkannte lebenswierige Festungs-Strafe bestätigt worden, anbey mit völliger Genehmigung desselben remittire, füge Ich auch in den Anlagen das Consimmations-Rescript an das Cammergericht nebst der Annahme Ordre an das Gouvernement zu Glatz vollzogen hinzu, da Ich es, ohne auf das Gesuch der Schwester der Inculpatin Hofräthin Haack wegen Bestimmung der Feste Glogau zum Straforte Rücksicht nehmen zu können, aus den von Euch angeführten erheblichen Gründen lediglich bey Glatz belaßen will. Was die anderweite Bitte der Haak, wegen Transportirung der Inculpatin unter einem andern als ihrem Familiennamen anbelangt, so hat zwar die Verbrecherin diese Schönung nicht verdienet indeßen will Ich es gut heißen, wenn Ihr aus den bemerkten Rücksichten die Verfügung treffet, daß die Begleiter derselben ihren der Inculpatin, Nahmen und die Zeit ihrer Abreise verheimlichen, und überhaupt auf der Reise die äußerste Behutsamkeit anwenden. Da es übrigens unbedenklich ist, die Inculpatin unter Curatel zu setzen, so genehmige Ich hiermit daß Ihr dem Churmärkischen Pupillen-Collegio aufgebet, dieselbe unter Curatel zu nehmen und solche Verfügungen zu treffen, daß sie selbst kein Geld in die Hände bekäme, vielmehr alle ihre nothwendigen, durch einen besonderen nach näherer Erkundigung anzufertigenden Etat zu bestimmende Ausgaben von einem in Glatz zu bestellenden sicheren Bevollmächtigten ihres Curators bestritten werden, auch daß ein gleiches schon auf der Reise von dem sie transportirenden Landreuter, oder wem die Direction des Transports sonst anvertraut werden wird, geschehe. Hiernach habet Ihr nun überall das Weitere zu verfügen, auch die Hofräthin Haack in Gemäßheit zu bescheiden.

Ich bin Euer wohl affectionirter König.

Friedrich Wilhelm

Was war das nun für ein Ort, an den die Ursinus verbracht wurde? Glatz (heute polnisch, der Name ist Klodzko) lag zur damaligen Zeit sozusagen am Rande von Preußen. Der Ort war von Gebirgen umgeben, er lag im Tal an der Neiße. Um 1800 hatte das Städtchen etwa 5000 Einwohner, es war dominiert von der Feste.

Natürlich war, vor allem in der damaligen Zeit, eine Fahrt von Berlin bis nach Glatz kein Nachmittagsausflug. Es ging nur per Pferd, wer nicht selbst reiten konnte oder mochte, musste die Reise per Kutsche machen.

Aus der Landkarte lässt sich entnehmen, dass die Reise von Berlin bis in den Zipfel unten rechts ging, die Kutschenfahrt dauerte sieben Tage (26.02.1804 – 04.03.1804). Begleitet wurde die Ursinus von drei weiteren Personen (einer weiblichen Bediensteten, einem Gerichtsangestellten

und einem „Landreuter", wie man in Preußen seinerzeit die Gendarmen

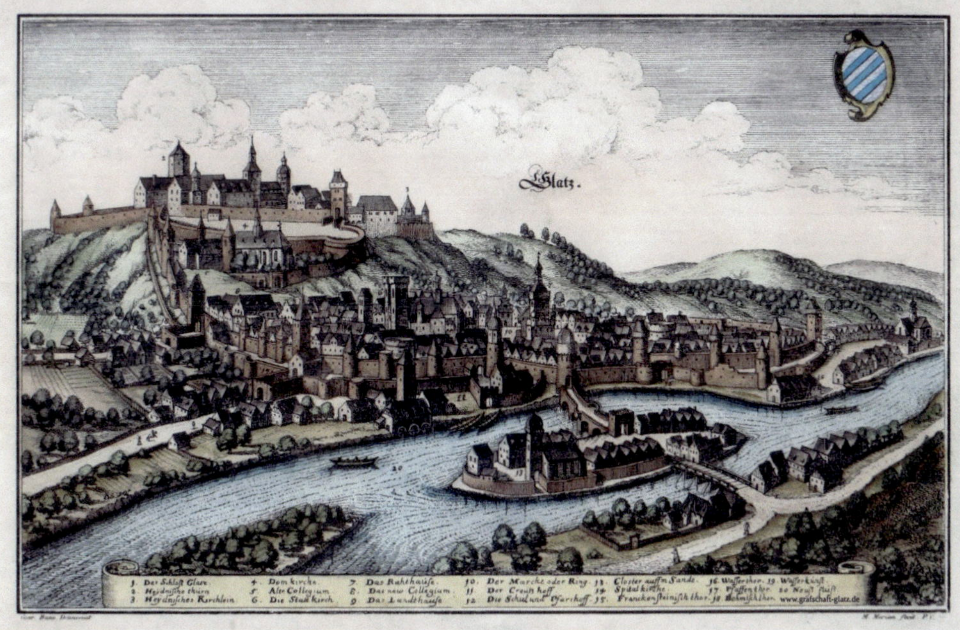

bezeichnete, also letztlich einem polizeilichen Aufseher). Die Schwester der Ursinus hatte in ihrer weiter vorne bereits genannten Eingabe (in der sie darum bat, die Festung Glogau statt Glatz auszuwählen) auch darum gebeten, den Transport unter falschem Namen durchzuführen, damit die Schande für die Familie nicht so groß wäre. Wenn auch König und Großkanzler sich sehr einig darüber waren, dass das ganz bestimmt kein Grund sei, gaben sie dem dennoch statt, sie wollten möglichst jedes Aufsehen vermeiden. Der „Fall Ursinus" hatte schon für genug Schlagzeilen gesorgt.

So erreichte also die „Reisegruppe" am 4. März 1803 Glatz.

Die Ursinus hatte nicht etwa das ganze Gepäck, das sie zum Haftantritt benötigte, mitgebracht. Nein, sie hatte einen ganzen Transport veranlasst, das war nicht etwa nur ein Köfferchen mit der wichtigsten Wäsche, das hatte sie vermutlich dabei. Aber sie organisierte einen ganzen Umzug. Es gab viel Aufregung darüber, was sie alles so mitbrachte. Die Auseinandersetzungen füllen seitenweise die Unterlagen im preußischen Staatsarchiv, aber sie sollen hier auf nur einige ausgewählte Fundstellen beschränkt werden. Zuerst wurde klargestellt, wie das mit der Bediensteten, die der Ursinus während ihrer Festungshaft zugestanden wurde, ablaufen soll:

> Endlich machen wir Euch noch bekannt, daß zwar die Bedienung durch einen weiblichen Domestiken gestattet werden kann; indeßen kann ein solcher nur unter der Bedingung angenommen werden, daß er sich mit ihr in das für sie aptirte aus zweien Räumen bestehende Gefängniß auf der Festung mit einschließen laße und sich daraus nur in den Freystunden entfernen dürfe. Auch darf dieser Domestik, so wenig als die Inculpantin selbst in dem Gefängniße das geringste an Gelde bei sich führen. Ein gleiches muß beobachtet werden wenn Krankheits Umstände der Inculpantin

> die Zulaßung noch einer besonderen Wärterin ins Gefäng-
> niß nothwendig machen sollten.
>
> Berlin den 22 Febr 1804

Und sofort bei der Ankunft am 5. März 1804 gab es sozusagen die Haus-
ordnung und die Anweisung an das Wachpersonal. Allerdings hatte der
Verfasser an einigen Stellen das Problem einer doppelten Verneinung
nicht ganz durchschaut (ich habe sie aber so stehen lassen).

> Instruction
>
> Für den wachhabenden Officier auf der Festung, wie der-
> selbe nach Sr. Königl. Majestät allerhöchsten Befehl d.d
> Berlin den 20ten Febr. 1804 in Betreff der wegen Gifmi-
> scherei zum lebenswierigen Festungs Arrest verurtheilten
> Geheimen Räthin Ursinus, gebohrne v Weiß, sich zu ver-
> halten hat.
>
> 1) Die Schlüssel zu den Arrestantenstuben hat der wach-
> habende Officier in steter guter Verwahrung, öfnet und
> schließt die Thüre des Morgens, Mittags und Nachmittags,
> oder wenn es wegen Krankheit oder anderer Umstände er-
> forderlich ist, jedesmal selbst auf und zu, ohne solches den
> Unterofficieren von den Wacht, oder sonstjemand anzuver-
> trauen.
>
> 2) Der Officier ist dafür verantwortlich, daß ohne Sr. Excel-
> lenz des Herrn Gouverneurs oder des Herrn Commandan-

ten gnädige Erlaubniß niemand aus der Stadt außer dem Major du jour, Place Major, RegimentsChirurgus Lätzke, Bataillons Chirurgus Oswald, die verhaftete Ursinus sehen oder sprechen darf, am allerwenigsten soll solches jemand von der Wache oder den auf der Festung befindlichen Arrestanten und Frauenspersonen gestattet werden. Der wachthabende Officier selbst muß sich in keine Gespräche, die weitläufig sind, mit ihr einlaßen, sondern so wenig wie möglich auf ihre Fragen antworten.

3) Des Morgens, Mittags und Abends vor Thorschluß, kann der Arrestanten Aufseher Pelz oder dessen Frau im Beisein des wachhabenden Officiers in die Arrestantenstube gelaßen werden, um die erforderlichen Lebensmittel, Wasser, Holz und Licht, oder was sonst etwa benöthigt verlangt wird, herein oder heraus zu schaffen.

4) Bücher, Feder, Tinte, Papier und Siegellack sind zwar bewilliget, jedoch darf der Officier in keinem Fall gestatten, daß der Ursinus keine Briefe in die Stadt, oder auf die Post durch ihre Bediente oder sonst jemand geschafft werden, sondern alle Briefe müssen zuvor offen, an den Place Major adressirt und versiegelt zugeschickt werden, welcher den Inhalt Sr. Excellenz dem Herrn Gouvemeur und Commandanten rapportirt, und anfrägt, ob solche an seine Behörde abgeschickt werden können oder nicht. Es darf der Ursinus kein Geld, wenn solches noch so wenig wäre, in keinem Falle zugelassen werden, desfalls auch die weibliche Bedienung kein Geld bei sich in der Arrestantenstube haben

darf, sondern solches entweder bei dem Arrestanten Aufseher Pelz, oder sonst jemandem in der Stadt in Verwahrung geben muß, widrigenfalls solche in Verantwortung und Strafe kommen wird.

5) Alle Bedürfnisse, und was zum Lebensunterhalt erforderlich ist, wird der Ursinus von ihrem eigenen Vermögen nach dem von dem Churmärklschen Pupillen Collegio ausgesetzten Etat täglich angeschaft, und mit Quittungen belägt, monathlich berechnet.

6) Wenn die Ursinus krank werden sollte, muß solches sofort RgtChirurgus Latzke u dem Bataillons Chir Orwald angezeigt werden, um Hülfe zu verschaffen.

7) die weibliche Bedienung, die dafür gut bezahlt wird, muß es sich gefallen laßen, in dem Zimmer der Ursinus mit verschlossen zu bleiben, und kann nie anders, als zur bestimmten Zeit, wenn die Thüren geöfnet werden, etwa eine halbe Stunde in die freie Luft gehen.

8) Diese Instruction muß bei jeder Ablösung der Wache gehörig überliefert, und auf Ehre und Pflicht mit größter Accuratess von jedem wachthabenden Officier genau befolgt, und nachgelebt werden.

Glatz den 5ten März 1804.

Aber die Ursinus wäre nicht sie selber gewesen, wenn es nicht sofort noch ein paar maßgeschneiderte Änderungen gegeben hätte - obige Regeln

mögen zwar für andere gelten, aber für eine Ursinus wird es schon in der
ersten Woche ein paar spezielle Bevorzugungen geben:

Nachtrag

Da die kräncklichen Umstände der Ursinus den täglichen
Genuß der Freiluft erfordern, so sind hiezu drei Stunden
täglich bewilliget, nehmlich von 10 bis 1/2 12 Uhr Vormit-
tags, und des Nachmittags in den Sommermonathen von
½ 6 bis 7 Uhr, in den Wintermonathen von 2 bis 1/2 4 Uhr,
dergestalt, daß sie jedesmal eine halbe Stunde vor dem
Thorschluß der Festung wieder im  Behältniß zurücksein
muß. Der Platz zu diesem ihrem Aufenthalt in freier Luft ist
das Innere des Schloßhofes, und ist es ihr keineswegs zu
verstatten, daß sie sich außerhalb dem Corps de la Place
verfüge, mithin hat der jeweilige Oficier dafür zu repondiren,
daß selbige nicht durch das Schloßhofthor passire, weshalb
sie stets genau beobachtet werden muß.

Glatz den 10ten Mart. 1804.

Der richtige Aufreger kam jodoch etwas später, nämlich als sich heraus-
stellte, was die Ursinus alles von zuhause mitgenommen hatte. Es hätte
für eine großzügige, edel eingerichtete Wohnung gereicht. Aber die beiden Räume in der Festung (die ja ohnehin eigentlich schon viel zu üppig
waren, eine wirkliche Arrestzelle sollte anders aussehen) konnten all das
wohl kaum aufnehmen.

Die Möbel, die auf dem Transportweg inzwischen über Breslau in Glatz
angekommen waren, harmonierten nicht so recht mit einer engen Ge-
fängniszelle:

*a.) ein über 8 Fuß hoher Spiegel oder Trumeau [Pfeilerspiegel]*

*b.) ein zweiter kleinerer Spiegel*

*c.) ein runder Mahagoni-Tisch*

*d.) ein Mahagoni-Nähtisch*

*e.) drei Tabourets [Hocker]*

*f.) ein Tisch mit acht Polsterstühlen*

*g.) ein Mahagoni Secretaire*

*h.) ein Bücherspind von Mahagoni*

*i.) eine Commode von Mahagoni*

*k.) ein Gosspiede (???), ebenfalls aus Mahagoni*

*l.) ein Forte-Piano aus Mahagoniholz*

Die Dame wollte es sich in der Gefangenschaft offensichtlich ein wenig hübsch machen…

Es gehörte wohl zum Charakterzug der Ursinus, jeden noch so kleinen Freiraum bis an die äußersten Grenzen auszuloten. Um dann, wenn dort angelangt, immer mindestens noch einen Schritt weiterzugehen.

Hier mischte sich dann aber doch noch jemand ein, der anscheinend gerade nichts Besseres zu tun hatte und der auch noch ein Wörtchen mitreden wollte. Nämlich wieder einmal Friedrich Wilhelm III., dem es am Herzen lag, dass der Ursins nur das „Nothdürftigste" zugestanden wurde.

Hier ist sein königlicher Kommentar:

Endlich ist auch das von der Ursinus verlangte Ameublement nichts weniger als nothdürftig, vielmehr offenbar in ihrer Lage für luxuriös zu achten.

Der Sopha mit 8 Stühlen ist für sie, welche nach Unserer ausdrücklichen Willensmeinung den Augen der Welt ganz entzogen werden soll und der die Annahme von Besuchen nicht gestattet werden darf, überflüßig. Ein ganz ordinairer Sopha und 2 Stühle scheinen vielmehr hinreichend zu seyn. Der verlangte Mahagoni-Secretair, der große Spiegel, das verlangte moderne Bücherspind, das theure forte-Piano und mehrere andre kostbare Mobilien und Kleider, welche sie begehret, sind von der Art, daß sie ihrer Wohnung und ihrer Person einen, mit dem Strafzwecke ganz unverträglichen, und in den Augen der Leute gemeineren Standes beneidenswerthen Glanz geben werden; wenn auch gegen die, zur Erhaltung ihrer Gesundheit vielleicht nothwendige Fußdecke, die jedoch nur von den gemeinsten und wohlfeilsten Zeugen sein darf, nichts zu erinnern wäre.

Auch hierin muß sie sich also nach der Nothdurft bequemen und zufrieden seyn, wenn ihr die zur Aufbewahrung ihrer Sachen ganz nothwendigen Mobilien an ordinairen Spinden, Tischen, Stühlen, Kasten und etwa eine Commode aus ordinairem Holze und ein gewöhnliches Forte-Piano von minderem Werthe als das verlangte angeschaft wird.

Es ist schwer einzuordnen, warum der König der damaligen Großmacht Preußen, das politisch in einer bedenklich labilen Lage war, sich darauf einlässt, Weisungen zu erteilen, aus was für einem Stoff das Fußdeckchen einer verurteilten Verbrecherin bestehen soll. Aber der Text oben ist wörtlich den amtlichen Protokollen des Staatsarchivs entnommen.

Ähnliche Auseinandersetzungen gab es auch um das Geld. Das Pupillen-Komitee, das ja die Vormundschaft ausübte und damit entschied, wieviel Geld die Ursinus für die einzelnen Posten ausgeben durfte, genehmigte jährlich 1000 Taler. Eine recht hohe Summe, viel mehr, als dem Durchschnittsverdiener der damaligen Zeit zur Verfügung stand. Bis auch hier wieder, es wird die Leser jetzt nicht mehr verwundern, der König einschritt.

Ich zeige unten einfach die Zahlen auf, ohne weitere Kommentierungen, denn sie sprechen für sich. Als grobe Abschätzung zur Einordnung dieser Beträge können die Jahreseinkommen von Handwerkern in Berlin (etwa 200 Taler) und mittleren Beamten (etwa 300 Taler) dienen.

Der monatliche Etat setzt sich wie folgt zusammen:

| | |
|---|---|
| Mittag- und Abendessen | 26 Thl |
| Bäder | 26 Thl |
| Brot, Semmel, Milch, Kaffee, Zucker, Eier | 10 Thl |
| Holz und Licht | 6 Thl |
| Weibliche Bediente | 5 Thl |
| Aufseher Pelz für Holen und Bringen | 3 Thl |
| Tägl. ½ Quart Wein | 10 Thl |
| Bücher, Zeitungen, Schreibutensilien, Porto | 6 Thl |
| Arzt und Medikamente | 10 Thl |
| Für die Armen | 2 Thl |
| Diverses | 2 Thl |

Zusammen also 100 Thl im Monat, also 1200 Thl im Jahr (was sogar noch über dem genehmigten Jahresbetrag lag.

Nicht aufgeführt ist die Rente, die sie immer noch an Benjamin Klein zahlen musste, der noch arbeitsunfähig ist, es werden ca. 50 Thl pro Monat gewesen sein.

Natürlich gaben diese Zahlen wieder Ärger mit dem König, der wiederum alles genau durchrechnete (Kommentierung überflüssig). Es folgt der wörtliche Text (mit einigen Leseschwierigkeiten) von seiner Majestät, König Friedrich Wilhelm III. von Preußen:

> Als Wir Euch unterm 22t Febri d.J. anbefahlen, die wegen Giftmischerey zu einem lebenslänglichem Festungsarreste verurteilte Witwe des verstorbenen Geheimen Justitzrathes Ursinus unter Curatel zu setzen, wurde Euch ein Extrakt der Cabinettorder vom 20t deßelben Monathes mitgeteilt, worin verordnet war, daß die nothwendigen Ausgaben der Ursinus auf der Festung Glatz nach einem Etat vorgegeben werden sollen. Es war hieraus Unsere Absicht, daß sie nur den nothdürftigen, keinesweges aber standesmäßigen Unterhalt auf der Festung ermöglichen sollen, zu entnehmen. Auch würde es dem Entzwecke der Strafe; besonders einer Verbrecherinn dieser Art durchaus entgegen würken, wenn sie auf der Festung von ihrem beträchtlichem Vermögen mit Aufwande leben sollte und hieraus schon ergiebt sich die Nothwendigkeit, daß ihr Unterhalt auf eine angemeßene Weise dergestalt eingeschränkt werde, damit sie weder an dem Nothkürftigen Mangel leide noch durch Ueberfluß der Entzweck der Strafgesetze, der auch in dem Eindrucke der Art der Vollziehung der Strafe auf andre besteht, ver-

eitelt werde. Gleichwohl bringen wir in Erfahrung, daß die Ursinus nicht ohne Ueberfluß in Glatz leben soll und nach dem Wir die … Curatel-Acten nachgesehen haben, finden Wir den für dieselbe entworfenen Ausgaben-Etat allerdings viel zu hoch und von der Art wie ihn bisher schwerlich Verbrecher höhern Standes und Ranges als die Ursinus in einer Strafanstalt gehabt haben. Ein jährliches Quantum von 1000 rt [Reychsthaler] übersteigt schon das Gehalt vieler in ansehnlichen Ämtern lebender Männer welche davon eine ganze Familie unterhalten müßen und es kann also unmöglich, auch nur nach dieser ganz allgemeinen Ansicht, als zum nothdürftigem Unterhalte einer Giftmischeriun in der Strafanstalt erforderlich, angesehen würden. Es scheint überdem nach der jetzigen Lage der Sache, da der Bediente Klein noch so ansehnlich unterstützt werden muß, die Revennen von ihrem Vermögen zu übersteigen.

Was nun die einzelnen Positionen des monathlichen Etats Fol [Blatt] 25 der Acten betrift, die laut Fol 23 im Allgemeinen richtig beurteilt sind; so ist es nicht die Absicht gewesen, der Ursinus eine Gesellschafterin oder gebildete Person, wie sie solche fordert, sondern ein gewöhnliches Dienstmädchen zu gestatten. Das Etat sub n.1 ist also gleich dem Lohne von monathlich 5 rt, bey einer vollständigen Beköstigung viel zu hoch angeschlagen worden. Ad n. 2 ist es noch gar nicht attestiert, daß die Ursinus täglich baden soll und daß das Bad 16 gl Koste. Ad 7.) hat der Curator schon bemerckt, daß die Ursinuso fast gar keinen Wein trinke;

> ihr Dienstmädchen kann dergleichen nicht verlangen und die täglich mit einer halben Flasche angesetzte Ausgabe für Wein also wenn nicht ganz ceßiren, doch sehr moderirt werden. Ad n.8 scheinen 8 rt monathlich zu Büchern, Noten, Musicalien etc auch ein zu hohes Quantum zu seyb. Ad n. 9 sind 16 rt monathl für Arzt und Apotheker eigenlich kein sehender Artickel und wenigstens auch zu hoch arbitrirt, zumal schon jedes Bad, vermuthlich mit Einschluß der dazu nöthigen Kräuter, zu 16 ggl angeschlagen.

Es macht zwar etwas fassungslos, dass der König sich damit beschäftigt, die einzelnen Tagesausgaben der Ursinus nachzurechnen. Aber siehe da, in den Zahlen war offensichtlich noch einiges an Einsparungspotential. Danach sah es wie folgt aus, denn inzwischen hatte auch der Curator der Witwe Ursinus den nachstehenden Etat entworfen.

*1.) Für Mittag- u Abendessen seiner Curandin und ihres Mädchens   20 rt*

*2.)  Für Brodt, Semmeln,  Kaffee, Thee, Zucker, Milch, Bier . . . . . . .   10 rt*

*3.) für Holz und Licht. . . . . . . . . . . . . . . . . . . . . . . . . . . . . . .   6 rt*

*4.) für das Lose (?), das Mädchen . . . . . . . . . . . . . . . . . . . . . .   3 rt*

*5.) Mietche für deren Bette u . . . . . . . . . . . . . . . . . . . . . . . . .   20 rt*

*[mir unverständlich, was das heißen soll]*

*6.) dem Arrestanten Aufseher mit deßen Frau  . . . . . . . . . . . . . . .   2 rt*

*7.) für Wein, Franz Branntwein, Eßig etc. . . . . . . . . . . . . . . . . .   6 rt*

*8.) für Bücher u Musikalien* . . . . . . . . . . . . . . . . . . . . . . . . . . . *2 rt*

*9.) für Arztlohn u Medicamente* . . . . . . . . . . . . . . . . . . . . . . . . . *10 rt*

*summa* . . . . . . . . . . . . . . . . . . . . . . . . . . . . . . . . . . . . . . . . . *59 rt*

*[Ich komme auf 79 ??? Aber ohne den dubiosen Posten 5, den ich schlicht nicht verstehe, wären es 59 rt].*

Und sozusagen zum Abschluss des ersten Jahres in Glatz mischt sich nunmehr wieder die Schwester ein mit einer Eingabe, man solle es doch der Ursinus etwas gemütlicher gestalten.

Hochwohlgebohrener Herr!

Hochgebietender Herr Großkanzler!

Von Eurer Exellentz erhabenen und menschenfreundlichen Charachter zu sehr überzeugt, erkühne ich mich abermahle für meine unglückliche zu Glatz verhaftete Schwester Ursinus um einige Milderung ihres herben Schicksaals demüthigst zu bitten. Nicht um Verminderung der wohlverdienten Strafe flehe ich Ew. Exellentz an sondern allein um gnädigste Bewilligung, daß nachdem die Gerechtigkeit ihr Urtheil vollzogen, aus Menschenliebe und Bemitleidung, welche man gewöhnlich auch für den größten Verbrecher fühlt, wenn er seine Strafe erleidete, der Unglücklichen die zu ihrer Nothdurft so wohl als zu einiger mehrerer Bequemlichkeit und Unterhaltung von ihr erbetenen Meubles nebst dem Fortepiano überlaßen werden können.

Das gewiß sichere Gefühl die traurigen Tage einer Leidenden etwas verbeßert zu haben, wird Ewr: Exellenz herrlichster Lohn seÿn, und meine Dankbarkeit über die Erfüllung meines sehnlichsten Wünsches, wird nur mit meinem Leben aufhören; bis dahin ich die Ehre habe mit der größten Ehrerbirtung zu seyn

Er Ecellenz unterthänigste Dienerin

Haake, geb. von Weiß

Harkenfelde bey Spandau

24ten September

Die Antwort fällt bei weitem weniger schwülstig, aber umso klarer aus:

Der Hofräthin Haake geborenen von Weiss wird auf ihre Eingabe vom 24ten d.M. in Betreff der von ihrer Schwester der verwittweten Geheimen Räthin Ursinus erbetenen Meubles und Forte piano hierdurch zur Resolution ertheilt, daß alles, was dem Endzwecke der Strafe so entgegen wirkt, als das von der Schwester der Supplicantin verlangte kostbare Ameublement, derselben auf keine Weise gestattet werden kann.

Sign: Berlin den 28te Sept. 1804

Damit ging das erste Jahr der Gefangenschaft zuende, in dem es viel Anpassungsschwierigkeiten gab und in dem deshalb auch so viel zu berichten war. Die kommenden Jahre werden deutlich ereignisärmer sein – das Leben der Ursinus verlangsamte sich stark.

## 1805 (2. Jahr der Gefangenschaft)

**Die politische Lage von Preußen wurde kritisch. Die Neutralität führte bei den Koalitionsstaaten, die sich gegen die französische Expansion zu wehren versuchten, zu Unverständnis. Zugleich versuchte Napoleon Druck auszuüben, dass Preußen mit Frankreich koalieren solle. In Preußen selbst wurden innenpolitisch die Stimmen lauter, die mehr Reformen forderten, angesichts der drohenden Weltlage vor allem auf militärischem Gebiet.**

**Ende des Jahres wuchs Frankreichs Macht durch den Sieg der Franzosen in Austerlitz über die Koalition aus Österreich, Russland, Großbritannien und Schweden. Preußen schließt ein Abkommen mit Frankreich. Dies allerdings währte nur wenige Monate.**

Für die Ursinus beginnt nun die lange und ereignisarme Zeit der Haft.

An dieser Stelle ist es interessant, den Begriff „Festungshaft" aufzuklären. In der Literatur, z.B. in Wikipedia wird die Festungshaft oft dargestellt als eine Art „lockere Haft", bevorzugt beispielsweise für Beteiligte an einem eigentlich verbotenen, aber doch als ehrenhaft angesehenen Duell. Man wollte die Buchstaben des Gesetzes erfüllen, aber es den Betroffenen so angenehm wie möglich machen. Auch höhere Offiziere, die, warum auch immer, eine Haftstrafe antreten mussten, bekamen Festungshaft. Es war oftmals viel Bewegungsmöglichkeit und Freiraum damit verbunden. Dies allerdings betraf wohl vorrangig die zweite Hälfte des 19. Jahrhunderts, in der preußischen Landgerichtsordnung stand die Festungshaft als gleichrangige Alternative zum Zuchthaus. Hier, im vorliegenden Fall, bot die Festungshaft der Ursinus sicherlich eine angenehmere Möglichkeit, die Strafe abzubüßen, als es ein Zuchthaus getan hätte. Dennoch war diese Festungshaft, wie sie die Ursinus kennenlernen musste, eine harte Strafe.

## 1806 (3. Jahr der Gefangenschaft)

In diesem Jahr trat nun endgültig Preußen in den Krieg ein. Das Abkommen mit Frankreich wurde dadurch belastet, dass Napoleon den Engländern für einen Friedensabschluss das preußische Hannover anbot. Preußen stellte daraufhin Napoleon ein Ultimatum, was zu Krieg und zu der Schlacht von Jena und Auerstedt führte, die zu einer verheerenden Niederlage Preußens führte. Die französischen Truppen marschierten in Berlin ein, König Friedrich Wilhelm III. musste mit seinem Hofe nach Königsberg fliehen.

Der Krieg erreichte auch Glatz, die Festung wurde von den Franzosen belagert, konnte aber erfolgreich verteidigt werden.

In dieser Zeit wurden Gefangene verlegt, die Ursinus bekam vorübergehend ein Wohnquartier in der Stadt Glatz selbst, also nicht auf der Bergveste.

## 1807 (4. Jahr der Gefangenschaft)

> **Die Niederlage in Jena und Auerstedt führte zu einer schweren Krise für Preußen. Der Friede zu Tilsit brachte Preußen in erhebliche Schwierigkeiten, zudem musste es etwa 50 % seines Staatsgebietes abtreten. Napoleon übte erheblichen Einfluss und Druck auf die preußische Regierung aus.**

Es sind nicht die genauen Daten und näheren Umstände der französischen Belagerung in Glatz bekannt, aber vermutlich hat die Ursinus in diesem Jahr (vielleicht sogar schon im letzten) eine längere Zeit in einer Wohnung unten in der Stadt verbracht. In den Akten selbst finden sich dazu keine Unterlagen.

## 1808 (5. Jahr der Gefangenschaft)

> **Preußen war jetzt praktisch ein Vasallenstaat Frankreichs. Inzwischen war es weder Großmacht noch Regionalmacht. Intern aber wurden Reformschritte eingeleitet, um die Verwaltung effizienter zu gestalten, die Wirtschaft wieder etwas zu beleben, und auch militärische Stärke zurückzugewinnen.**

Die Ursinus saß im Gefängnis, ein Tag war wie der andere.

## 1809 (6. Jahr der Gefangenschaft)

> **Gegenüber dem Vorjahr hatte sich wenig verändert, Preußen war weiterhin in einer schwierigen politischen und militärischen Lage. Allerdings kamen die Reformen voran, Scharnhorst führte die Wehrpflicht ein, von Stein modernisierte die Regierungsabläufe, von Humboldt setzte die Reformen des Bildungswesens fort.**
>
> **In Europa formierte sich mehr Widerstand gegen Napoleon, Spanien versuchte, sich mit einem Unabhängigkeitskrieg von dem französischen Joch zu befreien, in Österreich bildete sich Widerstand, beides aber scheiterte letztlich. In Preußen verstärkte sich das nationale Bewusstsein.**

In dem Fall Ursinus gab es eine merkwürdige Entwicklung. Da wurde, es ist nicht so klar von wem, schon nach nur sechs Jahren Haft ein Gnadengesuch eingereicht. Der Text desselben lässt darauf schließen, dass der Verfasser die Ursinus kaum gekannt haben kann, fast könnte man glauben, dass er von jemand ganz anderem spricht…

Aber dem Wortlaut ist zu entnehmen, dass die Ursinus selbst das in die Wege geleitet zu haben schien. Es sieht so aus, als ob der König irgendwo irgendjemanden begnadigt hatte, und zudem auf der Festung Glatz irgendwelche Listen angelegt wurden. Die Ursinus meinte, jetzt würde vielleicht eine Auswahl getroffen, wen man begnadigen könne, und auf der Woge wollte sie unbedingt mitschwimmen und fand auch jemanden, der mal vorfühlte (aus der Akte ist nicht zu entnehmen, wer das war). Die Schreiben sind vor lauter Geschraubtheit schwer verständlich, aber irgendjemand dachte anscheinend, es wäre an der Zeit, die Ursinus zu begnadigen. Er kam damit aber, wie sich zeigen wird, höheren Ortes gar nicht gut an.

> Ewr Excellenz gebe ich mir die Ehre, in der Original-Anlage, ein Gesuch der zum lebenslänglichen Vestungs-Arrest in Glatz condemnirten Geheimen Justiz-Räthin Ursinus um Begnadigung, nebst einer Abschrift des von mir darüber an das dortige Königliche Gouvernement unterm 13t hujus erlassenen Schreibens, und der von demselben unterm 18t hujus ertheilten Auskunft zu übermachen, und Hochdenenselben ganz ergebenst anheim zu stellen, was Ewr Excellenz darauf zu beschließen befinden wollen.
>
> Breslau den 13. Februar 1809.
>
> Die Unterschrift ist unleserlich

Und das ist die in dem Schreiben genannte Anlage:

> Abschrift
>
> An
>
> Ein königl. Hochlöbl. Gouvernement zu Glatz
>
> Die Königl. Hochlöbl. Gouvernement zu Glatz, wolle aus der Original-Anlage, die ich mir zurückerbitte, mit mehreren geneigtest ersehen, was die zum dortigen VestungsArrest condemnirte Ursinus mittelst Schreibens vom 10. huj. an

mich gelangen lassen. Da ich ebenso wenig vor meiner Abreise von Glatz auf der oberen Vestung gewesen, als mir ein naher Anlaß, daß Sr Majestät bei Ihrer Rückkunft einige Verbrecher zu begnädigen resolvirt hätten, bekannt ist, so scheint ein Misverständnis bei dem Gesuch der Supplicantin zum Grunde zu liegen. Ein pp ersuche ich indessen ganz ergebenst, mir den Antrag der Ursinus gefälligst aufklären und sogleich geneigtest anzeigen zu wollen, wie sie sich bisher während ihrer Strafzeit betragen, da ich denn nicht abgeneigt bin, ihren Antrag dem Herrn Groskanzler Beyme Excellenz zur Erwägung und weitern Resolution vorzulegen.

Breslau, d. 13. Febr. 1809.

v. Massow.

Da wollte sich offensichtlich ein Herr von Massow, Geheimer Staatsrath und Oberpräsident der königl. Regierung in Breslau dafür einsetzen, dass man die Ursinus begnadige.

Und stieß dabei bei einem Herrn von Alvensleben, der leitende Funktion auf der Festung Glatz hatte, auf offene Ohren, wie sich aus seiner Antwort ergibt. Er meinte zwar, dass diese angebliche Begnadigungswelle ein reines Missverständnis wäre, aber die Ursinus wäre doch eine so brave und reuevolle Gefangene und inzwischen auch so geläutert, dass es sicher richtig wäre, sie zu begnadigen:

In Betreff Ew. Hochwohlgebl. geehrtesten Schreibens vom 13. et praes: d. 16. Febr. c. auf Veranlassung des Gesuchs der hierverhafteten Geheimen Räthin Ursinus an Hochdieselben, erwidern wir in ganz ergebenster Antwort, daß gedachte Ursinus nur in Folge einer von Hochdenenselben durch den Gen. Lieut: v. Gravert Excellenz von uns verlangten Liste der hiesigen Bau- und Stubengefangenen, welche wegen mehrerer sonst in dieser Nachweisung nicht gewöhnlichen Rubriquen Anfragen an die betreffenden Stuben- und Bau-Gefangenen nothwendig machte, auf die Vermutung gekommen seyn kann, als habe diese einzusendende Liste eine Begnadigung verschiedener hiezu qualificirten Subjecte zum Grunde und hienächst wahrscheinlich den Entschluß gefaßt haben muß, Ew Hochwohlgeb. vielgeltende Mitwirkung für ihr besseres Schicksal zu erflehen. Wenn Ew: p nun auch unser Zeugnis über das bisherige Betragen der Ursinus während ihrer Strafzeit verlangen, um hiedurch erst zu dem Entschluß motivirt zu werden, sich für das erflehte Schicksal der Ursinus bei GrosCanzlers Beyme Excellenz menschenfreundlich thätig zu beweisen; so können wir nicht umhin, ganz unpartheiisch nach dem zu ertheilen, was der Augenschein und eine mehrjährige Erfahrung lehrt, der hier in Rede stehenden Inhaftatin, das Zeugnis eines Lebens voll moralischer Entschlüße zu geben, welches sie durch ein äusserst ruhiges, anständiges und reuiges Betragen, von jeher als bewährt an den Tag zu legen gesucht hat und hierdurch der menschenfreundlichen Gnade vielleicht nicht ganz unwerth ist, wenn Hochdieselben sich thätig dafür verwenden wollten, ihrem harten Schicksal die möglichste Milderung zu verschaffen, und ihr Gelegenheit zu geben ein Leben, verbunden mit einer freien Willkühr, wie jezt, ihre bessern Vorsätze durch die That zu beweisen.

Glatz, den 18. Februar 1809.

Königl. Preußl: Gouvernement.

v. Alvensleben.

Jetzt aber kam, leider nicht ersichtlich, von wem (vermutlich vom Groß-kanzler Beyme), eine sehr harsche Antwort, die schnell wieder gerade rückte, warum eigentlich die Ursinus auf der Festung Glatz einsaß. Vom Stil her dürfte es das schroffeste Schreiben in den ganzen Akten sein:

Auf Ew Hochwohlgeb. vorgestern eingegangenes geehrtes Schreiben vom 23. d. M. die Begnadigung der Ursinus be-treffend wünsche ich nicht ganz ergebenst zu erwiedern, daß ich dieses bey Wohldenenselben angebrachte Gesuch der Supplicantin unmöglich bey Sr Maj. dem König unter-stützen kann, weil eine Person die der Vergiftung ihres da-von krank gewordenen Bedienten geständig und überführt und der Vergiftung ihrer Tante und ihres Mannes verdächtig geblieben ist, auf Begnadigung des Landesherrn niemals einen Anspruch hat. Demgemäß überlaße ich es Ew Hoh-wohlgeb. die Ursinus aus der hiebey zurückgehenden … dieselben gerichtete Schreiben zu bescheiden.

## **1810** (7. Jahr der Gefangenschaft)

> **Nach wie vor ächzte Preußen unter der Vorherrschaft der Franzosen. Napoleon definierte politisch und wirtschaftlich die Vorgaben. De facto war Preußen damit außenpolitisch isoliert.**
>
> **Intern versuchte König Friedrich Wilhelm III., seine Macht zu konsolidieren und den Einfluss der Reformbewegungen zu kontrollieren, ohne deren Ziele zu untergraben.**
>
> **In diesem Jahr verstarb Luise, die beim Volk sehr beliebte Königin, im Alter von nur 34 Jahren.**

Die Ursinus verbrachte ein weiteres Jahr in der Gefangenschaft – Tag um Tag.

## **1811** (8. Jahr der Gefangenschaft)

> **Napoleon befand sich jetzt auf dem Gipfel seiner Macht. Da Russland die von Napoleon gegen England verhängte Kontinentalsperre durchbrochen hatte, verschärfte sich die Weltlage. Preußen versuchte, soweit wie möglich Militär zu verstärken, ohne dass es auffiel.**

Für die Ursinus brachte auch dieses Jahr keine Veränderungen, das Jahr bestand aus 365 ereignislosen Gefängnistagen.

**1812** (9. Jahr der Gefangenschaft)

> **Napoleon begann seinen für ihn letztlich verhängnisvollen Feldzug nach Russland. Er besetzte zwar im September Moskau, beim Rückzug wurde das Heer jedoch weitgehend aufgerieben.**
>
> **Preußen war offiziell mit Frankreich verbündet, wenn auch widerwillig. Als Napoleon seinen Russlandfeldzug begann, musste Preußen ihm Truppen stellen. Diese erzwungene Teilnahme am Krieg auf der Seite Frankreichs verschärfte die innenpolitische Krise in Preußen. Viele preußische Offiziere und Bürger waren tief unzufrieden mit der Kollaboration und hofften auf eine Gelegenheit, sich von der französischen Dominanz zu befreien.**

Die Ursinus langweilte sich in der Gefangenschaft und versuchte, eine Genehmigung zu erhalten, dass sie das Gefängnis verlassen und frei in der Stadt sich bewegen dürfe. Nachdem sie damit bei dem Kommandanten scheiterte, richtete sie ein weitschweifendes Gesuch an den König selbst: Sie fand, dass sie jetzt lange genug in enger Gefangenschaft gesessen hätte, und es an der Zeit wäre, dass sich der König endlich eines Besseren besänne und sie nun auch wieder herausließe, in einen, wie man heute sagen würde, offenen Strafvollzug. Es klang durchaus etwas vorwurfsvoll, dass sie nach so langer Zeit immer noch im Arrest sitzen müsse. Damit sollte jetzt Schluss sein – genug ist genug!

Wenn sie sich bloß in ihren Briefen nicht so gestelzt und geschraubt ausgedrückt hätte, dass man vor lauter Wortschachteleien nur noch schwer den Sinn erschließen kann. Aber sie hatte ja die Zeit und Muße, jeden Satz stundenlang auszufeilen, bis ihn der Leser (= König) gar nicht verstehen wird. Doch es zeigte sich, dass das nicht zielführend war. Vermutlich war es auch dem König zu mühsam, den Sinn zu durchdringen. Wenn aber es unter den Lesern jemanden gibt, der das ähnlich einem geistigen Puzzlespiel versuchen möchte, darf es gerne versuchen:

Aller durchlauchtigster, Großmächtigster König

Allergnädigster König und Herr

Ew: Königliche Majestät glauben noch höchst Ihrem Gerechtigkeits-Gefühl, einer ruchlosen Verbrecherin nie ein Gehör geben zu dürfen; weil, nach Allerhöchster Ansicht der Sache, Milde für sie, nicht ohne Gefahr, für die bürgerliche Gesellschafft, eintreten könne.

Als Allerhöchster Handhaber der Gesetze, könnten Ew: Königliche Majestät, in dem gegenwärtigen Fall, – sobald die angenommene Ruchlosigkeit, eine apodiktische Gewißheit wäre - wohl mit einer solchen, unerreichlich strengen Verfahrungsweise, Recht haben, wenigstens consequent handeln; hingegen als Repräsentant der Gottheit - die ihre erquikende und wärmende Sonne, über Böse und Gute, auf Gerechte und Ungerechte, scheinen läßt, – würden Allerhöchst dieselben, nach einer fast zehnjährigen Buße, und ebenso lange erprobter Reue doch wohl diese strenge Beharrlichkeit zu weit treiben; wenn es gleich die flehende Stimme des gebesserten Lasters wäre, die jetzt zu Ew: Königlichen Majestät Erbarmen spricht. Dies ist sie aber nicht, sondern die Stimme die vor Allerhöchst deren Trohn, nach beinahe zehnjärigen Leiden und Kerker: Elend, heute zu er-

tönen wagt, gehört einer Unglücklichen, die im Krankheits-
zustande der Seele und des Gemüths jene verbrecherische
That wiederhohlt versuchte, deren gantze Abscheulichkeit,
sie mit dem Moment ihrer moralischen Ernüchterung, gewiß nicht geringer strafbar fand als ihre Richter, obzwar ihr
Bewustsein, sie von jeder weitern Anschuldigung, so frey
spricht, als sie darüber der unfehlbare Richter in der Geis-
ter- Welt, einst frey sprechen wird.

Ew: Königliche Majestät sowohl als die Weisen Höchsterer
Umgebung, sind wahrhaftig durch die meinem erwiesenen
Verbrechen noch beigetretenen Verdachte mehrerer —
ach! wären sie gegründet, selbst in der Ewigkeit nicht ver-
zeihbaren Übelthaten, hauptsächlich aber, durch die infer-
nale Komposition, jener, unter dem erdichteten Titel: „meine
Selbstbekentnisse" verbreiteten Schmähschriftes eines …
Libellisten veranlaßt, bis daher zu befangen gewesen; um
in mir die zufällige, von der vorsäglich systematisch-bos-
haften Verbrecherin; die Lebens-Vernichtung verwürkt ha-
bende Elende, verworfendsten aller Sünderinnen, - von der,
alle menschliche Berücksichtigung verdienenden, Unglücklichen, - distinguiren zu können.

Jetzt aber, nachdem ein fast zehnjäriger Zeitraum ver-
flossen ist, während ich, eine, mir selbst zur Busse ange-
rechnete Strafe duldete durch welche nach gesetzlichen
Begriffen, ein des Henkertodes strafwürdiges Verbrechen
abgebüßt betrachtet werden kann; jetzt, darf ich hoffen: das

die Königliche Gnade, das schöne Vorrecht der Souveränität üben, und sich meinem Flehen nicht versagen werde.

Längst vollkommen von meiner frühern Seelen-Erkrankung genesen und darum in diesem, auch physisch-geistig veränderten Zustande, rüksichtlich meiner, mit reinem Tugendsinn, nichts weniger den betrogenen Grundsätzen der Gesellschafft im weltbürgerlichen Leben, durchaus ungefährlich: wünsche ich dennoch nicht, unbedingt in ihren Kreiß zurükzutreten; denn das Bewußtsein meiner Verschuldung gegen sie, und die, durch nichts zu beschwichtigende Überzeugung, von der unmöglich völligen ... der verlornen allgemeinen Achtung machen mich dieses Wunsches unempfänglich. Aber der Natur, ihren schuldlosen, – dem wunden Hertzen so wohlthätigen - Genüssen, wünsche ich mich sehnlichst wiedergegeben. Des Kerkers frei zu werden, ihn gegen einen erweiterten Arrest in der Stadt Glatz, und dessen fortifizirter Umgebung vertauschen zu dürfen, dies ist das Gesuch, welches ich demuthsvoll, hiemit, zu den Stufen Ew. Königlichen Majestät Trohnes niederlege.

Meine Peson bleibe, nach wie vor, unter Kommendanturlicher und militairisch-polizeilicher-Aufsicht; der Rest meines durch den Krieg und dessen fortdauernden Folgen, beträchtlich geschwundenen Vermögens, unter Verwaltung Ew: Königlichen Majestät hohen KammerGerichts-Pupillen-Kollegiuii. mein Wille über dessen Disposition, sey nur in gesetzlichen Formen, und nie ohne ... meines Kurators gültig, mit der schon mir bisher vom Gesetz zugestandenen Rücknahme, testamentlicher Verfügung, mittelst welcher ich Willens bin, auf meinen Todesfall, zum Bessten des Arbeitsunfähigen hülflosen Alters, jener Menschen-Klasse Gebrauch zu machen, zu welcher das Individuum gehört, an dem ich mich in jener unseeligen Periode meiner Sinnes-Verneblung so schwer vergieng.

Wie ich mich hierorts ins 9te Jahr betrug, – ob meine Reue probehalthig oder moralische Seiltänzerey sey? darüber mögen die gewissenhafte Zeugnisse Ew: Königlichen Majestät würdigen Majors und Brigadier der Artillerie, v. Blumenstein als Kommandant hiesiger Festung Auskunft geben; und behufs dieser, die Vortheile jener sprechen, die mich Amtswegen zu beobachten hatten.

Über meinen Seelen und Körper Zustand, berufe ich mich noch besonders, auf diesfällige pflichtmässige Gutachten, des hiesigen Prediger Pohl, und des Stabs Arztes Marthoff. Als Urkunde meiner politischen Gesinnungen, moralischen Ansichten und Gefühlen, wollen Ew: Königliche Majestät geruhen sie den anliegenden Aufsatz [nicht beigefügt] gelten zu lassen; fast zwey Jahre ruhte derselbe ungenützt in meinen Verschluß; da mir der Muth gebrach. zudem auch es mir an einer schiklichen Gelegenheit fehlte es zur Publizität gelangen zu lassen. …

Nach diesen Darstellungen, bleibt es nunmehro, den Regungen des Hertzens meines Herrn und Königs, dem weisen Urtheil meines irdischen Geschiks Gebieter überlassen: ob ich den Abend meines bedornten Lebens, im Genuß freier Natur durchleben, und dieser selbst - des engern Kerkers frei, den letzten Tribut entrichten darf? oder eingeengt zwischen feuchten Kasematten mit dem so bittern als schröklichen Gefühl: verkannt zu bleiben, - verkannt sterben zu müssen — den endlichen Befreier alles Elends erwarten soll?

In beyden Fällen sterbe ich mit segnenden Empfindungen, und Gebetähnlichen Wünschen, für mein Vaterland, und meinen erhabenen Fürsten aber freilich im gewünschten Fall, voll, froher und dankbarer Gefühle, für den gnädigen König und milden …

„Göttern kann man nicht vergelten.

„Schön ists ihnen ähnlich seyn. -


In tiefster Demuth zeichne ich mich,

 als Ew: Köngliche Majestät

Allerunterwürfigste

Charlotte gebohrne von Weiss

Wittwe des Geheimen- Justitzrath Ursinus.


Festung Glatz am 16. Julius 1812

Die Antwort fiel hingegen sehr knapp und kurz angebunden aus, dafür aber sehr klar. Sie kam auch nicht vom König selbst (der augenblicklich wirklich andere Probleme hatte als die Kritik an den Haftbedingungen einer verurteilten Verbrecherin zu lesen, die lieber spazieren gehen wollte):

> Potsdam 27. Jul: 1812.
>
> Ich ertheile Ihren auf Ihre Vorstellung vom 16ten d. M. den Bescheid, daß in Ihrer Verhaftung keine Abänderung stattfindet. Die eingereichte Handschrift erfolgt zurück.
>
> Albrecht

## 1813 (10. Jahr der Gefangenschaft)

**1813 war ein sehr dynamisches Jahr für Preußen. Zu Beginn bestand noch das Bündnis mit Frankreich, doch die französischen Truppen waren jetzt nach dem Fiasko mit Russland stark geschwächt. Friedrich Wilhelm III. entschloss sich zum Bruch des Bündnisses, am 17. März 1813 verkündete er in Breslau den „Aufruf an mein Volk", der Startschuss für die Befreiungskriege. 20 Tage zuvor schlossen Preußen und Russland ein Bündnis.**

**Der entscheidende Wendepunkt kam im Oktober 1813 mit der Völkerschlacht bei Leipzig, die als eine der größten Schlachten der europäischen Geschichte gilt. In dieser Schlacht kämpften die verbündeten preußischen, russischen, österreichischen und schwedischen Truppen gegen Napoleons Armee. Die Niederlage Frankreichs in dieser**

> **Schlacht bedeutete das Ende der französischen Vorherrschaft in Mitteleuropa und bereitete den Weg für die endgültige Niederlage Napoleons.**

Die Ursinus verbrachte auch dieses Jahr in der Festung Glatz. Ihr halbherziger Versuch versandete, frühere Reiseerlebnisse in der Schweiz, die sie schon während ihrer Ehe schrieb, nun durch einen Verleger veröffentlichen zu lassen.

## 1814 (11. Jahr der Gefangenschaft)

> **Nachdem Napoleon die Völkerschlacht verloren hatte, zogen am 6.4.1814 die Verbündeten in Paris ein. Napoleon entsagte der Krone und es wurde ihm Elba als Fürstentum zugewiesen.**
>
> **Im November begann der Wiener Kongress zur Neuordnung Europas.**

Für die Ursinus wurde ein Gnadengesuch eingereicht. Während sie vor zwei Jahren ihren Antrag auf Änderung des Strafvollzuges (nämlich außerhalb der Festung) noch selbst stellen konnte, durfte sie als Sträfling keinen Antrag auf die eigene Begnadigung stellen, solcher musste vielmehr von dritter Seite kommen. Wir werden uns noch mit mehreren Anträgen auseinandersetzen, allen gemeinsam ist, dass sie unterwürfig klingen, um die Erfolgsaussichten nicht zu schmälern. Zudem sind sie zumeist sehr geschraubt formuliert, damit der Verfasser als besonders gebildet erscheint. Den Auftakt machte jetzt schon mal der Pastor, der in ihr eine geläuterte Christin sah. Wobei dieses Gesuch nicht sehr untertänig klingt, eher etwas poltrig.

Hoch und Wohlgebohrne Herr, Hochgebiethender Herr Justiz Minister!

Adacta, da keine Voranlaßung dazu ist Begnadigungs-Anträge für die Inquisctin

d. 9 Jul. 1814.

Eure Excellenz geruhen gnädigst zu verzeihen, daß ich mich unterfange, hochdieselben, einen Augenblick höheren Geschäften zu entreissen.

Sr. Königl. Majestät haben allergnädigst geruhet, die beyden hier auf der Festung verhaftet gewesenen Herr Generale von der Marwitz und von Lindner in der Freyheit zu begnadigen - dadurch fühlt sich die ebenfalls hier verhaftete Geheimräthin Ursinus aufgereitzt, auch auf eine Gnade unseres besten Königs zu hoffen. Da sie nun nicht selbst schreiben darf, hat sie in mich dringen lassen: Ewr. Exzellenz unterthänigst für sie zu bitten:

daß Eur. Excellenz für dieselbe, die nun 12 Jahre gebüßet hat, bey Sr. Königl. Majestät zu intercediren, daß ihr die Freyheit nun geschenkt werde, oder, wenn dies nicht möglich sey: daß sie wenigstens in der Stadt wohnen und unter keiner Vormundschaft mehr stehen dürfe. Um die Wohnung in der Stadt fleht sie, weil ihre Gesundheit durch die Feuchtigkeit der Mauern so sehr gelitten hat; daß ihr die

Arzte eine immerwährende Siechheit angekündigt haben, wenn sie nicht in freye Luft kommen könne, und um Befreyung von der Vormundschaft bittet sie, weil ihr Vermögen so sehr durch die vormundschaftlichen Verwaltungen, oder ich glaube, durch die Stürme der Zeit geschmolzen ist, daß zu befürchten ist, daß sie endlich dem Staat zur Last fallen werde, welches wegfallen würde, wenn sie keine Vormünder mehr bezahlen, und das Residuum ihres Vermögens selbst bewirthschaften dürfe.

Da ich 26 Jahre lang Pastor zu Glatz bin, und die Hohen des Militairs zu wichtigen Amtsgeschäften mich gemeiniglich haben rufen lassen, ich auch jetzt fast seit ein paar Jahren, bey dem Wechsel und Krankthagen der Lazareth, Festungs und Garnisonsprediger unbelohnt - Alles habe verrichten müssen, was diese Herrn für Ihren Sold hätten thun sollen: so habe ich auch Confessionarius der GR. Ursinus seyn, - und zuletzt auch ihre hiesige Curatel übernehmen müssen.

Zwar kann nur die Gottheit wissen, was im Menschen ist, aber dem Aeußerlichen nach, hat es den Anschein, daß die Geheime Räthin Ursinus durch diese 12jährige Einsamkeit gebessert worden seÿ, und daß zu hoffen stehet, daß sie die Freyheit, oder andere gewünschte Begnadigungen nicht mißbrauchen, sondern stets dankbarst erkennen werde. In dieser Hoffnung hab ich kein Bedenken getragen, die unterthänigsten Bitten der Madame Ursinus Ew Excellenz ehrfurchtvollst vorzulegen, und den Erfolg davon Ew. Excellenz

Herzensgüte eben sowohl als hochdero Gerechtigkeitsliebe zu überlassen.

Mit der tiefsten Ehrfurcht, und mit den herzlichsten Wünschen für das dauerhafteste Wohl Ewr Excellenz, das dem Vaterlande so nützlich und theuer ist, hab ich die Ehre, zu ersterben als

Euer Excellenz

unterthänigster

M. Johann Gottlob Pohle

Pastor der Stadt und Grafschaft Glatz.

Glatz 1814, d. 27ten Junius

In den Akten findet sich kein Bescheid, wie und ob überhaupt über dieses Gesuch entschieden wurde. Aber da die Ursinus in den folgenden Jahren immer noch da gesessen hat, wo sie ischon 0n den vorherigen Jahren gesessen hat, war es jedenfalls nicht erfolgreich.

## 1815 (12. Jahr der Gefangenschaft)

**Napoleon kommt von Elba und sammelt Truppen, die nach 100 Tagen in Waterloo den Aliierten unterliegen. Napoleon wird nach St. Helena verbannt.**

**Der Wiener Kongress legt die Ländergrenzen und Gebiete neu fest.**

**Durch die Verhandlungen des Wiener Kongresses konnte Preußen erhebliche Gebietsgewinne erzielen, vor allem Rheinland, Westfalen und einen Teil Sachsens.**

Für die Ursinus war es ein weiteres Jahr der Gefangenschaft.

## 1816 (13. Jahr der Gefangenschaft)

**Im Jahr 1816 befanden sich Preußen und Europa in einer Phase des Wiederaufbaus und der politischen Neuordnung nach den Napoleonischen Kriegen. Die politische Landschaft war geprägt von konservativer Restauration, der Schaffung neuer staatlicher Ordnungen und den Bemühungen, das Gleichgewicht der Mächte in Europa zu sichern.**

**Das Jahr 1816 ging auch als das „Jahr ohne Sommer" in die Geschichte ein, bedingt durch den Ausbruch des Vulkans Tambora im Jahr 1815, der das Klima weltweit beein-**

**flusste und zu Missernten sowie einer schweren Hungersnot führte.**

Für die Ursinus war es noch ein weiteres Jahr der Gefangenschaft.

## 1817 (14. Jahr der Gefangenschaft)

**Im Jahr 1817 befand sich Europa weiterhin in einer Phase der politischen Stabilisierung und konservativen Restauration nach den Napoleonischen Kriegen. Die politischen Entwicklungen in Preußen und Europa waren stark von den Beschlüssen des Wiener Kongresses (1814–1815) und den Maßnahmen der Heiligen Allianz (Zusammenschluss Preußen, Österreich, Russland) geprägt.**

**König Friedrich Wilhelm III. und seine Regierung arbeiteten daran, die monarchische Ordnung und den konservativen Status quo zu festigen.**

**Nach den schweren wirtschaftlichen und sozialen Problemen der Jahre 1815 und 1816, einschließlich der Hungersnot durch das „Jahr ohne Sommer", begann sich die Wirtschaft in Preußen allmählich zu erholen. Es gab Bemühungen, die Infrastruktur zu verbessern und die Landwirtschaft zu fördern, um die Versorgungssicherheit zu gewährleisten.**

Für die Ursinus war es wiederum ein weiteres Jahr der Gefangenschaft

## 1818 (15. Jahr der Gefangenschaft)

> **Im Jahr 1818 war die politische Lage in Preußen und Europa weiterhin von der Nachkriegsordnung nach den Napoleonischen Kriegen geprägt. Die europäischen Großmächte – insbesondere Russland, Österreich und Preußen – setzten weiterhin auf die Heilige Allianz (ein Übereinkommen dieser drei Staaten) als Instrument zur Aufrechterhaltung der monarchischen Ordnung und zur Unterdrückung revolutionärer Bewegungen in Europa.**

Für die Ursinus war es abermals ein weiteres Jahr der Gefangenschaft

## 1819 (16. Jahr der Gefangenschaft)

> **Das Jahr 1819 war für Preußen und Europa von einer zunehmenden Repression und politischen Reaktionen auf die wachsenden liberalen und nationalistischen Bewegungen geprägt.**
>
> **Im August 1819 fanden die Karlsbader Konferenzen statt, die von Österreichs Staatskanzler Fürst von Metternich einberufen wurden. Diese Konferenzen führten zu den Karlsbader Beschlüssen, einem Bündel von Maßnahmen, das darauf abzielte, liberale und nationale Bewegungen in den deutschen Staaten, einschließlich Preußen, zu unter-**

**drücken. Vorgesehen waren strenge Maßnahmen zur Kontrolle von Universitäten, Presse und politischer Aktivität. In Preußen wurden die Universitäten stärker überwacht, die Pressezensur verschärft und liberale Professoren sowie Studenten verfolgt.**

**Friedrich Wilhelm III. blieb eine Schlüsselfigur in der konservativen Restauration. Er unterstützte die Karlsbader Beschlüsse und war bestrebt, jede Form von politischem Liberalismus oder Nationalismus zu unterdrücken.**

Die Ursinus machte inzwischen geltend, dass die Unterbringung für sie sehr gesundheitsschädlich sei. Es gab einiges an Schriftverkehr, dass sie dringend auch Bäder brauche, unten im Ort in den städtischen Anstalten. Auch würden die Wohnverhältnisse zu Krankheiten führen. All diese Klagen sollen hier nicht im Detail oder gar in Zitaten eingebracht werden, aber es kann kurz der Inhalt einer Stellungnahme einer dreiköpfigen ärztlichen Kommission zu diesen Klagen wiedergegeben werden:

*„Während der fünfzehnjährigen Haft der Ursinus hätten freilich manche widrige Eindrücke, Einflüsse und Schädlichkeiten auf ihren ganzen Organismus gewirkt, jedoch leide sie an Nichts Mangel, sehe nicht nur völlig gesund aus, sondern besitze auch eine vorzüglich gute Gesundheit und eine vollsaftige Körper-Constitution. Ihre physischen Leiden wären daher auch mehr eine Folge des heranrückenden Alters, ihres schweren Körperbaues, der wenigen Bewegung, welche sie sich mache. — Was die Beschaffenheit ihrer Wohn-Kasematten und der darin befindlichen Luft anbeträfe, so wären beide ihrer Gesundheit gänzlich angemessen.*

*— Der Gebrauch von Bädern, um welchen sie angetragen hätte, sei zwar anzuraten, aber nicht wesentlich nothwendig, wenigstens nicht außerhalb der Festungswerke erforderlich, sondern könne auch oben auf der Festung mit demselben Erfolge wie anderswo angewendet und benutzt werden."*

Die von der Ursinus auf diesem Wege erhofften Lockerungen der Haft konnte sie nicht erreichen.


## 1820 (17. Jahr der Gefangenschaft)

**Im Jahr 1820 setzte sich in Preußen und Europa der Trend zur politischen Repression und konservativen Restauration fort.**

**In Preußen kam es zu einer bedeutenden Debatte über die Einführung einer Verfassung. Friedrich Wilhelm III. hatte während der Befreiungskriege vage Versprechungen über eine Verfassung gemacht, doch die konservative Regierung war entschlossen, die absolute monarchische Herrschaft beizubehalten.**

In Glatz hingegen sind wir schon wieder dabei, dass die Frage, ob die Ursinus nun in die Badewanne steigen darf oder nicht, bis an den König herangetragen und von ihm entschieden werden muss. Ist das zu fassen???

Wieder ist es die Schwester der Ursinus, die sich mit einer Eingabe direkt an den König wendet:

Allerdurchlauchtigster Großmächtigster König

Allergnädigster König und Herr,

für eine Unglückliche, die durch den Ausspruch des Gesetzes aus der menschlichen Gesellschaft entfernt ist und die jezt sehr empfindlich an Ihrem Körper durch Gichtschmerzen leidet, wage ich es, Ew. Königliche Majestät eine allerdemütigste Bitte zu Füßen zu legen. Die Gefangene Ursinus in Glatz ist durch den feuchten Kerker, in welchem Sie schon seit 17 Jahren schmachtet, von der Gicht gewühlet und leidet unaussprechlich. Sie wünschet zur Erleichterung ihres traurigen Zustandes das Schwefelbad vor den Thoren von Glatz diesen Sommer gebrauchen zu können und zugleich den Ihr bisher angewiesenen beschränkten Raum zur Bewegung etwas erweitert zu sehen.

Ich als Schwester der Unglücklichen flehe daher allerdemüthigst zu Ew. Königlichen Majestät, daß Allerhöchst dieselben geruhen mögen, ihr die Erlaubniß zum Gebrauch des Schwefelbades bey Glatz huldreichst zu ertheilen, und zugleich die Verfügung treffen zu laßen, daß sie innerhalb des Festungsbezirks einen etwas ausgedehnteren Raum zu körperlichen Bewegengen angewiesen erhalte. Hierdurch geschiehet dem Ausspruch des Gesetzes kein Eintrag, und dahero erflehe ich der Unglücklichen diese Gnade, die ich mit tiefstem Respect ersterbe

Ew: Königliche Majestät Allerdemüthigste

Die Hofräthin Haak          Spandau, 14. February 1820

Aber der König ist offensichtlich sauer und bescheidet das Gesuch sehr knapp:

An die Hofräthin Haak zu Spandau

Die am 14ten d. M. für Ihre Schwestern die Geheime Räthin Ursinus von Ihnen erbetene Erlaubniß zum Gebrauch des Schwefelbades bey Glatz, und sonstige Erleichterungen der von ihr zu büßenden Strafe, können nicht bewilligt werden.

Berlin den 20. Febr. 1820.

/gez./ Friedrich Wilhelm.

## 1821 (18. Jahr der Gefangenschaft)

**Im Jahr 1821 setzte sich die konservative Stabilisierungspolitik in Preußen und Europa fort, während gleichzeitig revolutionäre Bewegungen und nationale Unabhängigkeitskämpfe in verschiedenen Teilen Europas aufflammten.**

**In Preußen blieb die politische Linie unter König Friedrich Wilhelm III. weiterhin konservativ und autoritär. Die Regierung hielt an den repressiven Maßnahmen der Karlsbader Beschlüsse (1819) fest, um liberale und nationale Bewegungen zu unterdrücken.**

> **Die wirtschaftlichen Reformen der Vorjahre, insbesondere die Einführung des Preußischen Zolltarifs 1818, trugen weiterhin zur wirtschaftlichen Stabilität bei. Preußen stärkte seine Position als führende Wirtschaftsmacht im deutschen Raum, was langfristig auch seine politische Stellung festigte.**

Auch in dieses Jahr bestand aus 365 ereignislosen Tagen.

## 1822 (19. Jahr der Gefangenschaft)

> **In Preußen blieb die politische Lage weiterhin von konservativer Restauration geprägt. Die Regierung unter König Friedrich Wilhelm III. hielt an der strikten Durchsetzung der Karlsbader Beschlüsse fest.**
>
> **Die Heilige Allianz (Russland, Österreich, Preußen) setzte ihre Politik der Restauration und Stabilisierung in Europa fort. Die Großmächte arbeiteten eng zusammen, um jede revolutionäre Bewegung im Keim zu ersticken und die monarchische Ordnung zu bewahren.**

Für die Ursinus war es ein weiteres ereignisloses Jahr in der Festungshaft.

## 1823 (20. Jahr der Gefangenschaft)

> **In Preußen wurde die konservative Politik der Restauration unter König Friedrich Wilhelm III. fortgesetzt. Die Regierung blieb fest entschlossen, liberale und nationale Bewegungen zu unterdrücken, um die monarchische Ordnung zu bewahren.**

Dieses Jahr war jetzt nicht mehr ganz so ereignislos für die Ursinus (und erfreulicherweise somit auch nicht für die Leser).

Im Frühjahr tat sich etwas: es wurde die Erlaubnis erteilt, dass die Schwester der Ursinus, die Hofrätin Haak (inzwischen verwitwet) für vier Wochen die Ursinus besuchen durfte.

> Potsdam den 8ten May 1823.
>
> An den Commandanten Obersten von Glan zu Glatz
>
> Ich authorisire Sie hierdurch, der verwittweten Hofräthin Haack aus Spandau, welche sich durch Vorzeigung der auf ihre beyliegende Vorstellung, gleichzeitig mit dieser Ordre, ihr von Mir ertheilten Resolution als die Schwester der Geheimen Räthin Ursinus bey Ihnen legitimiren wird, den freyen Zutrit zu dieser ihrer Schwester, so weit es die bestehende Ordnung zulässt, auf die Dauer von vier Wochen zu gestatten.

Und tatsächlich konnte die Ursinus  im Juli und August für ganze vier Wochen Besuch ihrer Schwester erhalten.

An die verwittwete Hofräthin Haack geb. von Weiss zu Spandau.

Ich mache Ihnen auf Ihre Vorstellung vom 1ten d. M. bekannt, daß der Commandant Oberst von Glan zu Glatz angewiesen worden ist, Ihnen, so weit es die bestehende Ordnung zulasse, auf die Dauer ab dem 7ten von vier Wochen freyen Zutritt zu Ihrer Schwester, der vormaligen Geheimen Räthin Ursinus, zu gestatten. Durch Vorzeigung gegenwärtiger Resolution haben Sie sich bey dem Obersten von Glan zu legitimiren.

6. Maÿ           Albrecht

Aber auch diese Hofrätin Haak muss ein besonderer Menschenschlag gewesen sein, denn kaum war diese Vergünstigung abgelaufen, setzte sie sich schon etwa einen Monat später hin und bat um Genehmigung, dass ihre Schwester in einer Wohnung unten im Städtchen wohnen dürfe, und gab sich auch alle Mühe, dazu den König, so gut sie konnte, mit den schmeichelhaftesten und mit zu Herzen gehenden Worten umzustimmen.

Hier ist die Eingabe der Schwester vom 18.9., dass die Ursinus mehr Freiheit haben solle.

Hochwohlgebohrner Herr W. . Hochgebietender Herr Justiz Minister;

ich als die Schwester der unglücklichen Ursinus die zu Glatz auf der Feste liegt, wende mich durch nachstehende Zeilen an Ihro Exzellenz, mit der ergebenster Bitte, mich gnädigst anzuhören, in dem was ich vorzutragen habe.

Ewr. Majestät der König, waren im Sommer so gnädig mir auf meine Bitten meine Schwester besuchen zu dürfen auf 4 Wochen, huldreichstens erlaubte, diese Zeit aber da ich beständig um sie war bemerkte ich zu meinem größten Leidwesen, daß sie die meisten Nächte schlaflos zubrachte und mit tagelangen Brustbeschwerden zu kämpfen hatte, welches ihr die dumpfe und feuchte Kerkerluft zugezogen, ihre Füße waren dick und angeschwollen. ... Ich halte es für meine unerläßliche Pflicht einige Schritte zur Erleichterung meiner unglücklichen Schwester zu thun.

Es ist wahr, sie verging sich schwer, aber 20 Jahre einzusitzen, wie sie nun Jahren bereits gesessen hat büßt auch schon manches ab, da selbst nach den Gesetzen, 40 Jahre der Todesstrafe gleich geschätzt wird.

Ihr jetziges Betragen, ist auch aller derer Personen, die sie kennen, musterhaft auch gab ihr der Herr Commandant das beste Zeugniß Ihres Wohlverhaltens, wahre Reue, durch Religion bezeugt, sind die Mittel gewesen, durch die sie völlig bereinigt worden ist, so daß ich jetzt, mit wahrer Liebe, und Achtung an ihr hänge, und alles thun werde um wenigstens ihr Schicksal zu erleichtern. Gott hat sich selbst schon darin zu ihrem Vortheil ausgesprochen indem sie als Beleidigerin, gebessert und gereinigt lebt, auch der beleidigte Klein schon  längst wieder hergestellt ist und notorisch bekannt mit einer Person außer der Ehe mehrere Kinder gezeugt hat, auch gibt sie ihm, ohne durch die Gesetze dazu condemnirt zu seyn, monatlich aus ihrem Vermögen, welches ihr das Pupillen Collegium erlaubt hat etwas gewisses.

Nach allem diesen, so ich jetzt erwähnt, werden Ew. Excellenz ersehen daß die Unglückliche nicht ganz ihres hohen Schutzes unwerth ist ich flehe dahero Ihre Milde an. Sollte bey Ihnen dem Betragen meiner Schwester gefragt werden, Ihr kein ungünstiges Zeugnis zu geben, welches Sie warlich die ich alles der strengsten Warheit gemäß Ihnen vorzutragen die Ehre gehabt habe thun können.

Helfen Sie vereint mit und, das Schicksal dieser gebesserten Unglücklichen erleichtern. Sie würden sich dadurch der Gottheit ähnlich machen, denn wie herrlich ist es, wenn die Mächtige in Händen hat, Menschenleid zu lindern, ich werde dazu noch höchst beglückt werden, wenn ich als ihre einzige Schwester Gelegenheit dazu gäbe, ihr auf ihre alten Tage noch Erleichterung zu verschaffen.

Erbarmen Sie sieh darum bittet Sie flehentlichst

Hoffräthin Haak geb. von Weiß

Spandau 18 ten September 1823.

Offensichtlich wurde diese Bitte auch in Erwägung gezogen. Allerdings wollte man zur Entscheidung nicht die so lobenden Worte („Betragen... musterhaft das beste Zeugnis und wahre Reue...") ungeprüft akzeptieren.

Zwar ist die Feststellung der Schwester, dass Gott selbst sich schon zum Vorteil der Ursinus ausgesprochen habe, schon sehr stark - einen noch gewichtigeren Fürsprecher zu finden, wird schwer. Trotzdem forderte man vorsichtshalber einrn Bericht der Commandantur vor Ort ein, um zu entscheiden, ob der Ursinus Erleichterungen zugbilligt werden könnten.

Und jetzt sah die Welt anders, sehr viel anders aus.

Man kann sich des Gefühls nicht erwehren, dass es die Ursinus bei verschiedenen Personen geschafft hat, sie erfolgreich zu manipulieren, aber hier kam jemand zu Wort, bei dem das gründlich schief gegangen ist.

Im Gegenteil, der Verfasser der Stellungnahme freute sich geradezu, endlich auch mal seinen Frust loswerden zu dürfen, und er fand sehr deutliche Worte:

> Euer Excellenz habe ich die Ehre, auf den hohen Erlaß vom 29ten v. M. betreffend den Antrag der verwittweten HoFräthin Haak für ihre Schwester die hier verhaftete Ursinus, daß letzterer verstattet werde, in der Stadt unter polizeylicher Aufsicht zu wohnen, und auch selbst bis auf eine gewisse Weite die Stadt zu verlassen, Nachstehendes ehrfurchtsvollst zu berichten:
>
> Die Ursinus bewohnt die auf der Sonnenseite gelegenen gesündesten Casematten-Zimmer des Donjons, wie solches durch mehrmalige ärztliche Untersuchungen in Folge ihrer dießfälligen ungegründeten Klagen hinlänglich erwiesen ist. Sie hat mit Genehmigung des commandirenden Herrn Generals Excellenz die Erlaubniß täglich Nachmittags zwey Stunden in die Stadt zu gehen. Sie genießt aus ihrem Ver-

mögen monatlich ein Einkommen von 54 Rthlr., wovon der Platzmajor die Zahlungen für sie macht.

Sie hat eine eigene weibliche Bedienung, und in jedem Fall allso weit mehr Annehmlichkeiten, und Freiheiten, als irgend einer der übrigen hiesigen Gefangenen, obgleich sie eine weit schwerer Verbrecherin ist, als die anderen.

Die grössere Freiheit, welche sie verlangt, liefert daher einen neuen Beweis der Erfahrung, daß sie sich nie selbst bescheidet, und unablässig heuchlerisch bemüht ist, bey ihrer verhältnißmässig so günstigen Carge unter dem Namen einer Erleichterung ihre Strafe wo möglich gleichsam aufzuheben. Das Urtheil, welches die unterzeichnete Commandantur in den Gefangenen-Listen über sie ausgesprochen, gründet sich auf ihre stete Hinterlist, Falschheit und unwiderstehlichen Hang zu Umgehungen und Intriguen, welche durch den Strom ihrer gleißnerischen Beredtheit, womit sie die ununterbrochene Wortführerin macht, und ihre heuchlerischen Grundsätze zu verbreiten sucht, zur That übergehen würden, wäre sie nicht durch die Länge der Zeit gehörig gekannt, und besonders von Furcht zurückgehalten.

Ob hiernach die Ursinus die Begünstigung der verlangten grösseren Freiheit verdient, kann ich nur Euer Excellenz hohen Ermessen ehrfurchtsvollst unterwerfen, gänzlich abgesehen davon, daß die Begünstigung, in der Stadt zu wohnen und selbst bis auf eine gewisse Weite sie zu verlassen, bey den übrigen Gefangenen einen höchst schmerzlichen Eindruck verursachen müßte. Was die Sicherung der Person der Ursinus mit der verlangten Freiheit nach der Lokalität anbetrifft, so ist eine Entweichung ganz und gar nicht zu fürchten, es läßt sich solche aber, wenn die polizeyliche Aufsicht vom Militair ausgehen soll, nur dadurch bewirken, daß ein Unterofficier täglich kommandirt werde, oder einer der Gefangenenaufseher diese Aufsicht führe.

Ersteres ist bey dem beschränkten Wachtdienst fast nicht möglich und auch nicht recht passend, letztere Art wurde den Aufseher fast allein beschäftigen und ihn seinem eigentlichen Dienst beinahe gänzlich entziehen. Euer Excellenz erlaube ich mir daher die ehrfurchtsvolle Bemerkung: ob es vielleicht ausführbar seyn möchte, der Ursinus eine Wohnung in der Stadt in dem neu ausgebauten Inquisitoriats-Gebäude unter der dortigen Aufsicht zu überweisen, oder bey ihrem sehr genährten starken Körper die tägliche Erlaubniß, Nachmittags auf zwey Stunden in die Stadt zu gehen, auf drey bis vier Stunden zu verlängern, und damit den Klagen über die Beschwerlichkeit des Steigens auf die Hochgelegene Festung einigermaßen abzuhelfen.

Schließlich bemerke ich noch, daß mit allerhöchster Genehmigung Seiner Majestät des Königs die verwittwete Hofräthin Haak im Monat July d. J. ihre Schwester die Ursinus auf vier Wochen hier besucht hat, und dabey der Antrag auf Begnadigung oder größere Freiheit berathen worden seyn mag.

Die Commandantur.

Damit war das Problem vom Tisch, denn diese klaren Worte überzeugten. Mit teilweise wörtlicher Übernahme der Argumente ging eine Information von dem mächtigsten Beamten in der Regierung, von Albrecht, an den Justizminister, zusammen mit der Bemerkung:

Empfänger:

Seine Excellenz, Den Königlichen wirklich Geheimen Staats- und Justizminister, Chef der Justiz, Ritters des großen schwarzen Adler-Ordens pp.

Herrn von Kircheisen

Ich habe auf Ihren Bericht vom 19.ten d. Mts. das von der verwittweten Hofräthin Haack angebrachte Gesuch, ihrer Schwester, der verwittweten Ursinus, Wohnung in der Stadt Glatz und selbst Entfernung aus derselben bis zu einer gewissen Weite, zu gestatten, zurückgewiesen.

Albrecht

Berlin, den 24

Letztlich haben also die in diesem Jahr angestoßenen Aktivitäten nicht zum erwünschten Ergebnis geführt, und die Ursinus saß am letzten Tag des Jahres immer noch da, wo sie sich schon am 1. Januar befand. Aber immerhin hatte sie vier Wochen im Sommer Besuch von ihrer Schwester, die sich wirklich sehr intensiv für sie einsetzte. Wobei ihre Eingaben und Gesuche wahrscheinlich von den Adressaten als ziemlich lästig empfunden wurden. Was sie allerdings nicht daran hinderte, es immer wieder aufs Neue zu versuchen.

## 1824 (21. Jahr der Gefangenschaft)

**Im Jahr 1824 war die politische Lage in Preußen und Europa weiterhin geprägt von konservativer Restauration und Repression, während gleichzeitig die sozialen und politischen Spannungen in vielen Regionen des Kontinents anhielten.**

**In Preußen setzte König Friedrich Wilhelm III. seine konservative und repressive Politik fort. Hingegen wurden die wirtschaftlichen Reformen weiterverfolgt. Die wirtschaftliche Stabilität half Preußen, seine Position als führende Macht im deutschen Raum weiter zu festigen und seine wirtschaftliche Basis zu stärken.**

In diesem Jahr ging ein eher ungewöhnliches Schreiben an den König, über den Justizminister von Kircheisen. Die Pflegerin der Ursinus reichte ein Gedicht ein. Natürlich auch wiederum gedacht als Gesuch einer Begnadigung, nun aber in ausgefeilter Reimform.

Allerdings, die Vermutung, dass die Verse von der Ursinus selbst stammen und der Pflegerin diktiert wurden, ist wahrscheinlich nicht ganz abwegig. Dieser Vorgang erinnert sehr an den Brief des Theodor Ursinus an den Liebhaber Ragay (liegt fast 30 Jahre zurück)...

An den Ehrbaren Justizminister von Kircheisen

Den 4n Maerz 1824


Muthvoll nahe ich mich Deinem Throne

Denn sein Fundament ist Menschenhuld,

Und ein schöner Schmuck in Deiner Krone

Ist Erbarmen mit des Menschen Schuld.

Wenn, zurück gekehrt, er auf der Tugend Pfad,

Seine Schuld erkannt, und sie gebüßet hat.


Ich der Dank, und mein Gefühl verbindet

Der Ursinus Pflegerin zu sein,

Die ihr Lebensglück nur darin findet,

Blumen ihrem Dornenpfad zu streun,

Werf heute mich an Deinem Throne hin

Zu erweichen Deinen holden Menschensinn.

Zwanzig Jahre hat sie nun gebüßet,

Ihn geleert, den bittren Kelch der Schuld,

Und ihr leeres Dasein sich versüßet,

Mit der Hoffnung tröstender Geduld,

Ach, und Jeden, der es fühlen kann, belehrt,

Daß vom Abgrund sie beherzt zurück gekehrt.


Krankheit, Selbstgefühl und Alter nagen,

Und ein finstrer feuchter Aufenthalt,

An ihr Herz- - Diese Wahrheit flehend sagen,

Muß ich bis mein Leben nur verhallt; -

Denn vom Falle wieder reuig aufzustehn,

Nennt ja Gottes Wort, und Christi Lehre schön.

Dein Gesetz - es will nicht den vernichten

Der im Sturm der Leidenschaften fiel,

Nein - Auf den verlaßnen Pfad der Pflichten,

Ihn zurück zu führen, ist Dein Ziel;

Und vergebend, daß er auf dem Pfade glitt,

Leitet Dein Gesetz ins Leben seinen Schritt.


Laß für strenges Recht das lindre walten,

Daß in dem gesunderen Aufenthalt,

In der Stadt, in freundlichern Gestalten,

Ihr des Lebens letzter Ton verhallt; —

Und verzeih, o! edler König. Deiner Magd,

Daß an Deiner Huld sie diese Bitte wagt.


Wilhelmine Weighardt

Pflegerin der unglücklichen Ursinus

seit 14 Jahren.

Die Reime haben jedoch nichts bewirkt, die Ursinus verbrachte auch dieses Jahr in Gefangenschaft, ohne dass sich irgendwelche Rahmenbedingungen geändert hatten. Alle Aktivitäten der letzten zwei Jahre waren fruchtlos.

## 1825 (22. Jahr der Gefangenschaft)

**Preußen befand sich wie ganz Europa in einer Phase der Restauration, die Wirren der Napoleonischen Kriege hatten nachgerade zu einer immer noch andauernden politischen Lähmung geführt. Diese Zeitepoche war geprägt von konservativen Kräften, die die alte monarchische Ordnung wiederherstellen und die revolutionären Ideale der Französischen Revolution (Freiheit, Gleichheit, Brüderlichkeit) zurückdrängen wollten.**

Und wieder ist ein Schreiben der Schwester an den König gerichtet, hier ist nur die kürzere amtliche Zusammenfassung des Schreibens, die Eingabe selbst wäre wieder so tränenreich wie die vorhergehenden:

Die Verwittwete Hoffräthin Haak bittet Ew. Majestät, die ihr in der Kabinettsordre vom 21ten September 1823 zugesicherte Gnade, der Erlaubnis für ihre Schwester der Verwittweten Ursinus täglich 2 Stunden in die Stadt gehen zu dürfen, welche viele Jahre ohne Misbrauch genutzt, jedoch seit vorigem Jahr, in Folge der auf allerhöchsten Befehl, unterm 7ten April vorigen Jahres ergangenen allgemeinen

> Instruktion des Königlichen KriegesMinisteriums unterbrochen worden, wieder huldreichst zu gewähren.

Die Antwort war sehr kurz und bündig:

> An die Wittwe des Hofraths Haak zu Spandau
>
> Das von Ihnen unterm 1t d. M. für ihre Schwester die verwittwete Ursinus eingelegte Gesuch kann nicht gestattet werden.
>
> Albrecht

## 1826 (23. Jahr der Gefangenschaft)

> **Die Politik Friedrich Wilhelm III. blieb stark von den Prinzipien der Restauration beeinflusst. Ziel war es, die monarchische Ordnung zu bewahren und liberale sowie nationale Bestrebungen zu unterdrücken. Reformen, die während der napoleonischen Besatzung begonnen hatten, wurden weitgehend gestoppt oder rückgängig gemacht.**

Dieses Jahr brachte für die Ursinus keine Änderungen.

## **1827** (24. Jahr der Gefangenschaft)

> **Im Jahr 1827 setzte sich in Preußen und Europa die Phase der Restauration fort, die nach den Napoleonischen Kriegen etabliert wurde. Konservative Kräfte dominierten weiterhin die politischen Strukturen, doch es gab wachsende Spannungen und neue Entwicklungen, die auf künftige Veränderungen hindeuteten.**

Die Lage der Ursinus änderte sich nicht, auch dieses Jahr war ohne Ereignisse.

## **1828** (25. Jahr der Gefangenschaft)

> **Im Jahr 1828 befand sich Preußen wie auch der Rest Europas weiterhin in der Phase der Restauration, die nach den Napoleonischen Kriegen und dem Wiener Kongress etabliert wurde.**

Dieses Jahr waren die Änderungen der Haftbedingungen für die Ursinus weitaus dynamischer als die allgemeine politische Weltlage, die seit längerem nahezu eingefroren war.

Der Curator, also die für die Ursinus verantwortliche Person im Pupillen Komitee, unter dessen Curatel die Ursinus gestellt worden war, verfasste am 3. Mai 1828 eine Eingabe an den König. Wobei die Einleitung deutlich zeigt, dass in dem Komitee über die Jahre hin die Kenntnis, weswegen die Ursinus eigentlich in Haft ist, sehr gelitten hat. Um ganz klar zu sagen: Die einleitenden Worte, dass sie wegen des Verdachts, ihren Mann vergiftet zu haben, in Haft säße, sind sachlich total falsch. Aber da scheint sich keiner mehr, der König zu allerletzt, daran zu stören.

Man muss anerkennen, dass der Justizkommissar und anschließend der Pastor deutlich geschickter darin waren, die königliche Meinung zu manipulieren, als es die Schwester mit ihrer ständigen Jammerei gewesen war.

Allerdurchlauchtigster, Großmächtigster König,

Allergnädigister König und Herr!

Euerer Königlichen Majestät allbekannte Gnade und Milde macht auch so dreist, Allerhöchst denselben eine Bitte unterthänigst vorzutragen.

Die Geheime Räthin Ursinus gebohrene von Weiss ist durch ein rechtskräftiges und von Eurer Königlichen Majestät allerhöchst bestätigtes Erkenntniß, wegen dringenden Verdachts, ihren Ehemann vergiftet zu haben zur lebenslänglichen FestungsStrafe condemnirt worden, in Folge dessen büßet sie seit dem Jahre 1804 ihre Strafe auf der Festung Glatz ab, ihr Vermögen ist von Euer Majestät dem churmärkischen Pupillen-Collegium zum Depositorio genommen und ich bin im Jahre 1822 der Geheimen Räthin Ursinus als administrirender Vormund und Curator zugeordnet worden, in welcher Eigenschaft ich verpflichtet bin, für die Erhaltung ihres Vermögens und für die Bestreitung der Bedürfnisse der Curandin zu sorgen.

Als Curator wage ich es nun, Euere Königlichen Majestät Gnade für meine Curandin in Anspruch zu nehmen, die letztere ist jetzt 69 Jahre alt, seit 27 Jahren auf der Citadelle zu Glatz befindlich, und es ist ihr dort eine Casematte zu ihrer Wohnung angewiesen. Es liegt nun in der Natur der Sache, daß eine jede Casematte wegen der Erdbedeckung und niedrigen Fenster, wenn sie längern Zeit zum fortwährenden Aufenthalte dient, der Gesundheit schädlich sein muß, und daß diese nachtheilige Wirkung im Greises-Alter in einem noch weit höheren Grade auftreten muß, als bei jüngern Personen. Diese Wirkung hat sich schon häufig besonders aber im verflossenen Winter bei der Geheimen Räthin Ursinus Kund gegeben, sie hat im verflossenen Monate Februar an einem schlagartigen Zufall an der Luftröhre und Lunge sehr gelitten, ihre Augen sind durch das in der Casematte herrschende Dunkel fast ganz erblindet; ein Schlagfluß ist nur zu sehr wieder zu befürchten, da ihr die Bewegung mangelt. Es stehet ihr zwar frei, auf der Citadelle eine Stunde umherzugehen. Die daselbst herrschende scharfe Luft verhindert sie aber fast ganz daran, und überdem entbehrt sie seit Jahren nicht nur einer gesunden Wohnung und Bewegung sondern auch fast allen menschlichen Umganges, indem durch von Euerer Königlichen Majestät erlassenen allerhöchsten Befehl die den Festungs-Gefangenen früher ertheilt gewesene Erlaubniß, auch außer dem eigentlichen Festungs-Bereiche umhergehen und einige

Stunden des Tages zu Bekannten nach der Stadt gehen zu dürfen, aufgehoben worden ist.

Euerer Königlichen Majestät überreiche ich unterthänigist ein Attest das Pastors der Stadt- und Grafschaft Glatz, des Dr. und Magister Pohle daselbst, durch welches meine vorstehenden Anführungen bestätigt werden; überdies bezeugt dieser würdige Mann, wie meine Curandin ihr Verbrechen wahrhaft erkannt, wie sie die allerernstlichste Reue darüber an den Tag gelegt hat, wie sie in ihrem fürchterlichen Elende nur durch das Vertrauen auf Gott und unsern Heiland, Jesum Christuum, aufrecht erhalten worden ist, daß sie zur Erbauung aller Mitmenschen einen wahrhaft christlichen Lebenswandel geführt hat.

Alle diese Umstände ermuthigen mich, ja sie verpflichten mich sogar, als Christ und der von der Obrigkeit der Verbrecherin zugeordneter Beistand, Euere Königlichen Majestät allerhöchste Gnade anzuflehen, um meiner Curandin ihre Freiheit, aber wenigistens möglichste Erleichterung zu verschaffen.

Es ziemt nur nicht, Euerer Königlichen Majestät allerhöchsten Willensmeinung in irgend einer Art Vorschläge zu machen; eine gänzliche Begnadigung dieser dem Grabe nahe stehenden Frau, welche über 24 Jahre ihr Verbrechen bereits gebüßt hat, würde ihre letzten Tage zu glücklichen machen. Wenn aber auch Allerhöchstdieselben diese Begnadigung auszusprechen Bedenken tragen sollten, so würde die Ursinus zu Gott und Euerer Königlichen Majestät ihren

Dank und Preis aussprechen, wenn Allerhöchst dieselben mir gestatten wollten, daß sie eine Wohnung in der Stadt Glatz in irgendeinem Bürgerhause beziehen und dort unter polizeilicher Aufsicht wohnen dürfe. Meine Curandin hat schon in früheren Jahren mit Euer Königlichen Majestät Erlaubniß die Stadt besuchen dürfen, ja sie hat sogar während der Kriegs-Jahre zu dreien Malen mehrere Monate in der Stadt gewohnt, und ihr Betragen war nach dem Zeugnisse des Pastors Pohle in jeder Hinsicht mußterhaft; es ist auch bei einer der Ursinius zu ertheilenden Erlaubniß nicht die mindeste Gefahr zu befürchten, da sie über ihr Vermögen unter Lebendigen gar nicht disponiren kann, und ein Entweichen deshalb und bei dem hohen Alter der Curandin ganz undenkbar ist.

Ich kenne die letztere nicht von Person, habe auch niemals in einer Verbindung mit derselben gestanden, aber es wurde mich sehr glücklich machen, wenn es nur gelänge, durch Euere Königlichen Majestät allerhöchste Gnade der alten Frau Freiheit aber auch nur Erleichterung zu verscharffen. Es hängt jetzt alles von Allerhöchst dero gnädigen Entscheidung ab. Derselben mit Vertrauen entgegen-sehend, ersterbe ich in tiefster Ehrfurcht Euerer Königlichen Majestät

Berlin den 3ten Mai 1828.

der Jus-Commissionis Dr. Findheim

Das eingereichte Gesuch umfasst mehrere Seiten, war aber, da erfolgreich, der letzte wirklich wichtige Einschnitt im Leben der Ursinus und folgt deshalb in voller Länge:

Beigefügt war ein „kirchliches Sittenzeugniß", ausgestellt von dem Pastor, der schon viele Jahre zuvor selbst ein Begnadigungsgesuch an den König gerichtet hatte.

Schon damals stellte der die Ursinus als reuevoll und gebessert heraus, dementsprechend ist auch jetzt das Zeugnis ausgefallen:

Zur Diktion des Schreibens muss man fairerweise anmerken, dass, wenn man in seinem eben Niedergeschriebenen einen Fehler (z.B. Wiederholungen) sah, nur die Wahl hatte, es dennoch stehen zu lassen, oder aber alles nochmals neu von Hand abzuschreiben (wobei Tinte und Papier auch teuer waren, ganz abgesehen von den Mühen).

Kirchliches verlangtes Sittenzeugniß.

zu Glatz 1828, d. 17ten März.

Daß Frau Geheime Räthin Ursinus gebr. Weiss, 69 Jahre alt; seit dem 4ten März, 24 Jahre, als Büssende, auf hiesiger Festung, drei Mal hat in der Stadt Glatz frei wohnen, Besuche abstatten und besonders den öffentlichen Gottesverehrungen, zum Trost in Ihrem Elende - ohne alle Bedrohung hat beiwohnen dürfen, daß Sie, 2tens zu einer andern Zeit, mit Allerhöchster Königl. Bewilligung, täglich, blos auf Ihr gegebenes Wort, auf zwei Stunden in die Stadt gehen durfte, welches erst vor 4 Jahren dadurch aufgehört hat, weil durch einen allgemeinen Königl. Befehle, in den Festungen alle vorigen Befehle aufgehoben sein sollten, daß Sie, 3tens bei allen diesen Freiheitsgenüßen, nie etwas Unschickliches gethan, oder sich irgend einen Vorwurff zugezogen habe, fühle ich mich verpflichtet, ebenso zu bezeugen, als ich eifrig versichern kann, daß ich, als Ihr Beichtvater, als Ihr dreijähriger Rechnungsführer, und fortwährender genauer Beobachter, die allerernstlichste Reue wegen ihrer Verbrechen, in ihr bemerkt habe; und daß sie gewiß in Ihrem Elende vergangen sein würde, wenn sie nicht durch die tröstenden Belehrungen der h. Schrift, und durch ein wahres Vertrauen auf Gott, und das Verdienst Jesu Christi, unsers Herrn, wozu ich sie, so viel ich konnte, anwieß, aufrecht erhalten hätte. daß die stets von ihren Erhaltungsgeldern Viel erspart, und arme Familien bedeutend unterstützt habe, – daß sie in früherer Zeit die Gottesdienste frei und fleißig besuchte, und daß man sie stets innigst gerührt dabei fand, da sie sich noch im Stande fand, den hohen Felsenberg hinab und hinauf zu steigen, — daß sie im Kriege, für die verwundeten Krieger fleißig Strümpfe gestrickt und nach Berlin geliefert habe, - daß sie bei der Blokade von Glatz, als keine Fernrohre fehlten [wieder die Falle der doppelten Verneinung], Ihren Dolland schenkte - daß Sie selbst eine Reisebeschreibung aufsetzte; und für das Einkommen dafür einen freiwilligen Jäger armiren und bekleiden wollte, daß ich aus solchen Gründen wünsche, daß diese 69 jährige Dulderin, die, wegen Blindigkeit der Augen, nichts mehr lesen kann, die nicht mehr, besonders bei stürmenden Wetter, und körperlichen Krämpfen, in die Kirche, um darin Tröstungen zu suchen, gehen kann, - die jetzt krank und elend, jammervoll, unter Leibes- und Seelenschmerzen Ihre einsamen Tage und Nächte, oft unter den größten Schmerzen, Ihre Tage und Nächte durchwachen muß -- mindestens die Freiheit erhielte, in der Stadt, der Kirche nah zu wohnen, erhalte, oder durch die Gnade Sr. Königl. Majestät da diese Greisin fast ein Vierteljahrhundert, als eine fromme, tadeljlose Büsserin sich betragen, und Ihr Niemand Etwas zu Schulden legen kann, die letzten Paar Tage Ihres Lebens, ganz frei werden, und im Schosse Ihrer Familie zubringen könne.

Dieses bestätige ich von Amts wegen, weil ich die genaueste Kenntniß dieser Büsserin dadurch erlangt habe, daß ich

1.) vom Herrn General v Kropff - als damals die Ursinus in der Stadt wohnte, beauftragt ward, mich zu Ihr zu verfügen, Ihre Bekenntnisse anzuhören, zu prüfen, zu berichtigen, und zu trösten, oder zu ermahnen,

2.) weil ich öffentlich; bei einer großen Tafel des damaligen Gouverneurs, des Fürsten von Pless, aufgefordert ward, die Ursinus in meinem Kirchenstande aufzunehmen, wo sie den gaffenden Augen entzogen, sich ungestört heiliger Andacht wiedmen, und ruhig erbauen konnte - des weil ich sie, besonders bei der Feier des heil. Abendmals - nach Allem, was der Mensch vom Menschen urtheilen kann, für eine von unserm Herrn begnadigte Sünderin gehalten habe.

Wie sehr und wie dankbar wollt ich mich freuen, wenn (wie ich hoffe) Gott diese Sünderin für die Ewigkeit begnadigt hat; nun unser allerchristlichster, allgeliebtester König und Herr - unseren Herrn und Heiland nachahmend, so wie sie der Sohn Gottes in Ansehung des Ewigen frei gemacht hat - Sie auch, am Schluße Ihrer traurigen Wallfahrt, ganz zu befreien um sie den Ihrigen, ganz gebessert, wieder zu geben, Allergnädigst geruhen könnte?

Dr. u. Mr. Johann Gottlob Pohle,

Pastor der Stadt und Grafschaft Glatz,

Jubilar, und Inhaber des allgemeinen Verdienstzeichens für den Staat, 1ter Classe.

Diese geballte Eingabe, einerseits vom nicht persönlich eingebundenen Curator und von der theologischen Autorität des Pfarrers andererseits, hinterließ selbst beim König Eindruck. Hier ist seine kurze Verfügung, adressiert an den verantwortlichen Beamten:

Auf das anliegende Gesuch des Justiz-Commissarius Friedheim will Ich gestatten, daß die Ursinus eine Wohnung in der Stadt Glatz beziehen und dort unter polizeilicher Aufsicht wohnen dürfe. Ich beauftrage Sie, das Weitere hiernach zu verfügen und den Justiz-Commissarius Friedheim zu bescheiden. Berlin, den 11. May 1828

Friedrich Wilhelm

Dies ist nun in der Tat ein deutlicher Einschnitt, der Kerker ist damit zu Ende.

Allerdings sah man sich seitens der Regierung genötigt klarzustellen, dass es sich bei der Maßnahme, der Ursinus eine Stadtwohnung zuzugestehen, um eine Hafterleichterung handele, keinesfalls aber um eine Begnadi-

Abschrift von Abschrift

Wenn der Magistrat in seinem Berichte vom 26ten d. Mts. die Allerhöchste Cabinets-Ordre vom 11ten d. Mts dahin deutet, daß Se Königlichen Majestät darin die Begnadigung der in dortiger Festung bisher gefangen gehaltenen Ursinus habe aussprechen wollen; so ist diese Auslegung allerdings irrthümlich.

Die Ursinus ist keinesweges begnadigt, sondern ihr Criminal- Arrest ist nur bis zur policeilichen Detention in der Stadt gemildert. Sie hört aber dadurch keinesweges auf, gefangen, wiewohl mit größeren Freiheiten, zu sein, und ist der Mitaufsicht der Festungs-Commandantur deshalb nicht entzogen, wenn auch die gewöhnliche Ausführung der policeilichen Aufsicht dem Magistrate, als Ortspolicei-Behörde, zufällt.

Dieserhalb wird sich der Magistrat im Allgemeinen mit der dortigen Commandantur über die Maaßregeln der policeilichen Beaufsichtigung der Ursinus zu vernehmen und bei besonderen dringenden Verdachtsgründen die Mitwirkung der Commandantur zur Sicherung der Ursinus in Anspruch zu nehmen haben.

Breslau den 31ten May 1828.

Königliche Regierung, Abtheilung des Innern

gung. Die Ursinus blieb weiterhin in Haft, sie durfte den Ort Glatz nicht ohne Genehmigung verlassen.

Anscheinend waren trotz obiger Klarstellung die örtlichen Behörden gar nicht so begeistert über die aus Berlin angeodnete Aufweichung der Haft, anfangs wurde der Ursinus unten in der Stadt stets ein Polizist zur Seite gestellt, der sie auf Schritt und Tritt begleitete.

Auf ihre Beschwerde hin erging im November 1828 eine weitere Anweisung, dass die Ursinus sich in der Stadt frei und ungehindert genau wie jeder andere Bürger bewegen dürfe, allerdings niemals die Stadt verlassen darf.

Der ständige Klebepolizist an ihrer Seite hatte damit ausgedient.

Mit dieser Regelung bekam dann die Ursinus so viel an Freiraum zurück, dass sie sich nicht mehr als Gefangene fühlte. Offensichtlich hatte sie auch wieder Zugriff auf ihr Vermögen, zumindest aber auf die Erträge. Die in Berlin geführten Akten enden hier (bis auf ein paar unerhebliche Aktenteile).

# Nach 1828

Jetzt stehen kaum noch Quellen zur Verfügung, die über die letzten Jahre der Ursinus berichten. Es finden sich einige Abschnitte im „Neuen Pitaval", aus dem im ersten Teil des Buches bereits einiges zitiert wurde. Allerding kann nicht nachvollzogen werden, woher die dort um 1860 niedergeschriebenen Informationen stammen, aber ich werde sie dennoch hier wiedergeben.

Bevor ich jedoch diese Zitatanleihen aus zweiter Hand übernehme, möchte ich noch einen Teil aus dem Amtsakten einfügen. Es ist eine Eingabe an den König aus dem Jahre 1831, dass eine vollständige Begnadigung ausgesprochen werden solle. Zu diesem Zeitpunkt saß die Ursinus nicht mehr im Kerker, sondern konnte sich in Glatz frei bewegen. Vermutlich reichte ihr diese Freiheit, in ihrem Alter legte sich kaum noch Wert darauf, nach Berlin zurückzukehren. Umso weniger, als sie dort wohl immer noch Aufsehen erregen würde, und das Öffentlichkeitsinteresse sie eher verstört hätte.

Mehr Freiheit, als sie jetzt hatte, brauchte sie vermutlich nicht mehr.

Aber die Aspekte in dieser Eingabe sind sehr bemerkenswert, und wohl auch nicht fingiert, denn dazu bestand in 1831 keinerlei Notwendigkeit mehr.

Seine Königliche Majestät flehe ich als ein Gott liebender sowie tugendhafter Mensch um die einzige hohe Gnade an, meiner großen und vielgewagten Bitte ein gnädiges Gehör zu schenken.

Ich unterstehe mich ein gewagtes Werk zu thun, ich bitte Euer Königliche Majestät demutsvoll:um die Freilassung meiner mit Verbrechen belasteten Frau Tante, der weltberüchtigten Geheimen Räthin Ursinus.

Allerhöchst dieselben haben dem Gesetze Ihr Macht-Wort Allergnädigst verliehen. Der Stimme der von hoher Menschen-Liebe erfüllten Allergnädigsten Willens-Meinung werden Ew: Königlichen Majestät ganz bestimmt und gnädigst Gehör verleihen, wenn ich Allerhöchst denenselben wahr und rein, offen und ehrlich vor Gott bekenne, daß meine unglückliche und beklagenswerte Frau Tante alles was sie Gesetzwiedrig und Strafwürdiges gethan, im periodischen Wahnsin vollbracht hat. Dies ist ein Erbfehler der Familie, der schon, so wie mir rein und wahr bekannt geworden, in fünf Generationen bei der Witteschen Familie bei dem weiblichen Geschlechte sämtlich vorherrschend war. Meiner Frauen Ur-Gros-Mutter, Groß und Schwieger-Mutter (Schwester der berüchtigten Geheim Rathin Ursinus) meiner Frau und meiner leiblichen einzigen Tochter, litten schon an diesem Kopf Nerven-Übel.

 Meine Frau hat mich in meinem mit ihr geschlossenen Ehe-Bündnis 27 Jahr hindurch periodisch gemartert und gefoltert, ferner hat sie meine höchst unglückliche und beklagenswerte Tochter, welche ebenfalls zu jedem Nerven-Übel inklinirt, dasselbe Kopf- Nerven Übel gleichsam durch das Mutter-Blut eingeimpft, denn sie behandelt mich als Vater ebenso, wie ihre höchst unglückliche und beklagenswerte Mutter, als einen ehrlosen Mann, und dieses Alles bitte ich Ew: Königlichen Majestät demutsvoll, ihnen menschenliebend zu verzeihen; denn ich spreche es vor Gott dem Vater dem Allwissenden in Liebe strafenden Richter, wie Jesus Christus liebend aus:

„Vater vergieb ihnen, denn sie wissen nicht was sie in ihrem unglücklichen leidenschaftlichen Wahnsinn thun."

Aus diesem reinen tugendhaften Grunde, bitte ich Ew: Königlichen Majestät in Gottes des Vaters und unsers Herrn Jesu Nahmen:

Verleihen Ew: Königlichen Majestät meiner unglücklichen Tochter eine Stifts-Stelle, damit sie niemals in Verlegenheit geräth, sich ehelich verbinden zu müssen. Schließlich bitte ich nochmals:

um die gnädigste Befreiung meiner höchst unglücklichen und tief beklagenswerten Frau Tante, der Frau Geheime-Räthin Ursinus geborne von Weiss.

In tiefster Ehrfurcht ersterbe ich

Ew. Königlichen Majestät

alleruntertänigster

von Wartenberg.

Major außer Diensten


Berlin d 28ten November. 1831.

Köpnicker Straße 73.

Die Privatakten des Königs enden mit dieser Eingabe, es ist nicht zu ersehen, ob sie beantwortet wurde.

Bei dem Stöbern nach Quellen für die Zeit zwischen 1828 und dem Tode der Ursinus in Glatz bin ich auf ein Büchlein von 1936 von Oscar Dürig gestoßen:

„Nacherzählung

Geheim-Räthin Charlotte Sophie Elisabeth Cristiane Ursinus

Das Rätsel der Festung Glatz

Ein Roman, den das Leben schrieb"

Oscar Dürig war ein Geschäftsmann aus Glatz, der dort vor dem 2. Weltkrieg eine Kaffeerösterei betrieb, aber nebenher Geschichten oder Romane schrieb mit Bezug auf Glatz und Umgebung. Also so eine Art Heimatdichter. Die Ursiuns interessierte ihn, weil er seine Rösterei in dem Haus betrieb, in dem die Ursinus nach 1828 gewohnt hatte, und in dem es wohl damals auch noch Unterlagen von ihr gab (z.B. auch das Portrait auf dem inneren Titelblatt). All das dürfte aber im Krieg dann völlig verloren worden sein.

Das Büchlein enthält allerdings, vor allem aus der Berliner Zeit der Ursinus, viele historische Unrichtigkeiten und auch falsche Fakten. Alle Angaben sind deshalb mit großer Vorsicht zu behandeln, aber die Beschreibungen zu der Zeit in Glatz könnten zutreffen – wobei ich hier ausdrücklich den Konjunktiv verwende!

Diese Beschreibungen sind von Dürig übernommen, der allerdings zu fast hemmungslosen Übertreibungen und auch zu einem sich selbst berauschenden Fabulieren neigt:

*„Nun aber heraus aus der dunklen Böhmischen Straße, ehemals Haus des Herrn Schneider Heinrich, ins Palais Graf Neuhaus an der schönen Ringecke, dort waren die Räume, die einer Frau Geheimrätin gerade zur Repräsentation recht waren, besonders der pompöse 4 Meter breite Hausflur, die stuckgeschmückten Räume dazu.*

*Achtundsechzig Jahre, wie lange noch kann das Leben dauern, daher auskosten jede Minute, jede Stunde, jeden Tag nach fast fünfundzwanzig Jahren zum Teil lustiger, aber auch sehr schwerer Jahre und nun kommt die Lebensfreude, die mit dem Triumph über Gesetz und Pupillen Collegium endet. Zwar fünfundzwanzig Jahre älter, aber ungebrochen an Leib und See-*

le, kommt der Lebenshunger, jener zügellose Rausch, der nach Ruhm und Ehre und Geltung strebt, ja mit Geld lässt sich alles machen und wo Licht ist, da versammeln sich die Motten. Wenn im Mittelalter der Diebesdaumen oder eben ein Stückchen Strick eines Gehängten Glücksbringer waren, so war es jetzt eine Einladung von der schönen Ringecke, jetzt Ring 36, bei der Frau Geheimrätin Ursinus. Herrlichste Prunkräume am Ring 36, zum Teil saalartig mit dem Blick auf das alte Rathaus mit seiner Freitreppe und schönen Turm und so dem beliebten Löwenbrunnen. Rechts droht die Bastion vom Berg herunter; umgeben von ihren schönen Möbeln, deren Prunkstück ein Schreibsekretär mit herrlichen Intarsien war, im Mittelteil einen Tempel darstellend. Wohlgefällig betrachtet sich Ursinus in ihrem großen, säulentragenden Spiegel und lächelt frei, voller Glückseligkeit, begnadigt, erreicht, alles erreicht, wie immer!

„Sie", die Siegerin auch über Recht und Gesetz. Der höchste Triumph ihres Lebens nach überstandener Verurteilung und Festungszeit, endlich wieder die große Dame, fast Herrscherin von Glatz und gedankenvoll klingt ihr Lautenspiel hinaus auf den Ring! Es gehörte zum guten Ton, eingeladen zu werden und Fräulein Weighardt, die liebe, gute, treue Seele, sorgte für alles.

Glänzende Feste, pompös in Aufmachung, raffiniert in jeder Hinsicht, reichten sich die Hand und ganz Glatz, wenigstens in den „besseren" Ständen, gab sich ein Stelldichein. Geld war ja nun genügend da und nachdem auch die letzte Schranke durch den letzten Erlass des Königs gefallen war, da hieß es, die letzten Jahre ihres Lebens auskosten. Ja, zu was lachende Erben machen, aufzuzehren war ja das Riesenvermögen sowieso nicht. Welch Nervenkitzel mag es gewesen sein, als bei einem großen Kaffee plötzlich allen Teilnehmern übel wurde, alles bestürzt durcheinander lief! Gift! Arsenik!

Aber die weißen Kristalle erwiesen sich als harmloser Zucker, es war dem Gebäck ein Abführmittel eingebacken, daher diese plötzliche Wirkung. Die Ursinus hatte die Lacher auf ihrer Seite und jeder mußte zum bösen Spiel gute Miene machen, solche und gröbere „Scherze" folgten noch mehrmals.

*Pastor Pohle erhielt für seine Kirche neue gedruckte Gesangbücher und aus dem Testament ersehen wir alles Übrige. Die Erziehung von Waisenkindern mag wohl auch auf den günstigen Einfluss von Pastor Pohle, des würdigen Greises, zurückzuführen sein. Vierundzwanzigjähriger Kampf ist zwar siegreich überstanden, aber das Alter ist doch eben da und noch einmal hinein in das Leben. Unermüdlich ist Fräulein Weighardt. Ein Testament wird aufgesetzt, Waisenkinder, auch die Evangelische Gemeinde, die Verwandtschaft, vor allem aber ihre Wilhelmine, die treueste Seele, die Freud und Leid mit ihr teilte, die auch in den trübsten und schwersten Stunden den Glauben an ihre Herrin nie verlor, wird bedacht.*

*Die 30.000 Taler werden eingeteilt und das Testament wird am Glatzer Gericht hinterlegt.*

*Noch heut verwahrt liegt das selbst geschrieben Testament und neben der Unterschrift ist das Wappen ihres Gatten in rotem Siegellack - ein Bär mit Ranken - aufgebracht. Das Testament wurde mehrfach geändert und auch ein Nachtrag im Orte Schwedeldorf dazu geschrieben, da Frau Ursinus dort in der Sommerfrische lebte.*

*Das erste Testament ist am 3. März 1829, das zweite am 7. Januar 1836, der Nachtrag in Schwedeldorf in der Zwischenzeit am 3. Juli 1833 aufgestellt. Alle sind bedacht und es ist ein wirklich herzlicher Beweis für die Herzensgüte, dass niemand zu kurz kommt, Frau Ursinus ist kleinlich besorgt, jedem Freude zu machen, denn Freude zu spenden ist ja aber auch das höchste Lebensglück. Ihr, der das Geld noch nicht den erhofften Glanz gebracht hatte, gab nun mit vollen Händen all den Ihrigen!*

*Am 4. April 1836, morgens 6.30 Uhr schloss Frau Ursinus ihre Augen, 75 Jahre 11 Monate alt, als Todesursache gibt der Arzt Wassersucht an. Fräulein Weighardt, die fünfundzwanzig Jahre treu zu ihrer Herrin gestanden hatte, sorgte nun, dass alles wunschgemäß erledigt wurde, angetan in einem weißblauen Seidenkleid, auf der Brust das auf Elfenbein gemalte Bild ihres Gatten und am Finger einen goldenen Ring, in welchem das Haar ihres*

*Theodor eingebettet war, stumm und steif lag nun diese rätselhafte, kluge Frau in ihrem Sarg."*

***

Deutlich trockener, sachlicher, aber auch korrekter hingegen sind die Passagen im neuen Pitaval, die (auch wenn er „neu" heißt) 1856 geschrieben wurden, etwa 25 Jahre nach dem Tode der Ursinus:

*„Gegen dreißig Jahre hatte die Ursinus in der Festung schon verbracht. Als sie das siebzigste Jahr überschritten hatte, wurde ihr vergönnt, bis zu ihrem Tod innerhalb der Stadt und Festung Glatz zu leben.*

*Hier spielte die Greisin ihre Rolle fort, nicht als Giftmischerin, sondern als unschuldige Frau, als vornehme Dame. Sie machte bei den bedeutenden Einkünften ihres vom Pupillenkollegium zu Berlin verwalteten Vermögens eine Art Haus und gab Gesellschaften, die besucht wurden. Ja, so mächtig war noch die Eitelkeit in ihr, daß sie es zur Ehrensache machte, angesehene Fremde in ihre Zirkel zu ziehen.*

*Ein Charakterzug wird als gewiß versichert. Bei einer Abendgesellschaft soll eine Dame, als auf dem Salat einige Zuckerkörner ihr entgegenflimmerten, unwillkürlich gezuckt haben. Die Ursinus bemerkte es mit ihrem scharfen Blick und sagte spöttisch lächelnd: »Seien Sie unbesorgt, es ist kein Arsenik.«*

*Eine andere Anekdote wird von glaubwürdigen Männern auch als Wahrheit erzählt. Als die Ursinus, kaum aus der Festung entlassen, in die Stadt Glatz gezogen war, lud sie eine große Kaffeegesellschaft zusammen. Ein Kaffee bei »der Giftmischerin« – wie sie in Glatz bei alt und jung, in den Häusern und auf den Gassen genannt wurde – war der Gegenstand der Neugier, die Losung des Tages. Ein ungenannt Gebliebener erlaubte sich einen grausamen Spaß. Er hatte Mittel und Wege gefunden, in den Zuckerguß der Kuchen, heimlich verschiedenartig wirkende Essenzen zu praktizieren.*

*Man mag sich das Entsetzen denken, als die Eingeladenen zu Hause die Wirkungen der beigegebenen Brech- und Abführmittel zu spüren begannen und die Nachricht sich durch die Stadt verbreitete: Alle leiden auf gleiche Weise, alle, die bei ihr waren, sind vergiftet.*

*In ihr Inneres hat niemand geblickt. Dem Geistlichen, der an ihrem Totenbett stand, hat sie, nach einem dreijährigen schmerzvollen Krankenlager, diese Blicke nicht verstattet. Von hohem Interesse wäre es, ihre Äußerungen über die Bremerin Gottfried zu wissen, da die weitverbreitete Kunde von dieser Giftmischerin auch zu ihren Ohren gedrungen sein muß. Auch Privatbriefe der Ursinus an ihre Angehörigen geben nur einen Aufschluß: als eine unschuldig Verfolgte, als eine Märtyrerin zu erscheinen.*

*Sie starb am 4. April 1836 und wurde am 7. April beerdigt. Sie selbst hatte sich schon ein Jahr vor ihrem Tode einen schönen eichenen Sarg beim Tischler bestellt. Ihre Hülle in einem weißen Überrock, ein tiefes Häubchen mit blaßblauem Bande auf dem Kopfe, die Hände in weißen Handschuhen, am Finger ein Ring mit dem Haare ihres verstorbenen Gemahls, sein Gemälde auf ihrer Brust, so lag sie, als ob sie schliefe, Ruhe und Friede über ihre Züge ausgegossen, die sich bis zum Verschließen des Sarges ganz ähnlich geblieben waren. Es waren die buchstäblichen Anordnungen der Verstorbenen.*

*Fünf Wagen mit Freunden und Bekannten waren der Leiche gefolgt, das Grab war durch freundliche Hände mit grünem Moos, Aurikeln, Tulpen und Immortellen ausgeschmückt, als wäre es eine Blumenkammer.*

*Als der Geistliche seine Rede gehalten, traten sechs arme Knaben und sechs arme Mädchen, für die die Ursinus im Leben gesorgt, an das offene Grab und sangen:*

*»So ruhe wohl, Gott hat an Dich gedacht und es sehr wohl gemacht.*

*Schlaf, müder Leib! Schlaf wohl, zu guter Nacht, weil Jesus Dich bewacht.*

*Verschlaf die hier erlitt'nen Schmerzen,*

*Du stehest fest in unserm Herze.*

*So ruhe wohl.«*

*Die Totengräber hatten keine Arbeit. Die Hände der Freundinnen und der vielen Armen, denen sie wohlgetan, füllten die Grube mit Erde und wölbten den Hügel darüber. Es war ein bitterkalter Morgen, und doch faßte der Kirchhof kaum die Menschenmenge.*

*Von ihrem Vermögen, welches gegen 40 000 Taler betrug, erhielten ihre weitverzweigten Seitenverwandten, die es wohl bedurften, nur die Hälfte. Mit juristischer Genauigkeit entwarf und detaillierte sie die Erbfolge nach Stämmen und nicht nach Köpfen. Die andere Hälfte zersplitterte in vielen Vermächtnissen und frommen Stiftungen, bei denen man nicht umhin kann, an ein Verhalten zu denken, das den Zweck hatte, ihren Namen durch Wohltätigkeit zu reinigen, ja durch die Erinnerung seltener Dankbarkeit die Welt in Erstaunen zu setzen. So erhielt der Hauswart der Hausvoigtei, der sie als Gefangene schonend behandelte, 500 Taler, dessen Tochter ein Fortepiano, das Berliner Bürger-Rettungs-Institut, ein Institut zur Belohnung treuer Dienstboten in Breslau und andere Anstalten, die ihrem Gesichtskreis ganz entfernt lagen, bedeutende Legate.“*

# Nachwort

Ich hatte dieses Buch mit vielen Vorbehalten begonnen, ich war mir im Zweifel, ob es heute noch irgendwelche neuen Aspekte geben könne. Schließlich haben sich einige Autoren in den letzten 200 Jahren mit der schillernden, rätselhaften - und für mich persönlich abstoßenden - Charlotte Ursinus befasst. Aber während des Schreibens wurde mir klar, dass der Schlüssel zur scheinbaren Verwirrung ihres Handelns in ihrer klaren Analyse der rechtlichen Situation liegen könnte. Der Blick in das preussiche Landrecht um 1800 schien mir einiges zu verdeutlichen. Es war ein Ansatz, den ich so nicht in der von mir gefundenen Literatur über die Ursinus entdeckt hatte. Ich hatte aber aus den Gerichtsakten den Eindruck, dass die Richter das wohl auch so im Blick hatten.

Und dann steckte schnell noch ein besonderer Ehrgeiz in dem Buch: Es gibt so viele Ungenauigkeiten, Irrtümer und auch Unwahrheiten in Büchern über die Ursinus - ich wollte zusammenstellen, was sich wirklich nachweisen lässt. Und nicht darauf eingehen, dass ihr Ehemann angeblich 40 Jahre älter war als sie (war er definitiv nicht!), dass er „schwerreich" gewesen wäre, dass ihre Mutter eine Milchschwester des Königs gewesen sei, dass die Ursinus in der Festungshaft geschwängert worden wäre, dass sie dort rauschende Feste gefeiert hätte mit großer Gesellschaft, und vieles mehr.

Zu alledem hatte ich keine Belege gefunden, und ich denke, es würde welche geben, wenn diese Phantasien gestimmt hätten.

Und solche Ausschmückungen waren auch nicht nötig - ich finde, dass die wirklichen Fakten fesselnd und aufregend genug sind, nur zugegebenermaßen nicht so plakativ.

Ich hoffe, dass diese Freude am Zusammenstellen der tatsächlichen Ereignisse und der damit verbundene Blick auf die Person dahinter auch die Leser unterhalten konnte - auch wenn das Lesen der alten Texte uns heute nicht ganz leicht fällt. Aber man kann auch geradezu Gefallen an den damaligen Ausdrucksweisen finden, die uns manchmal einen Eindruck davon geben, dass sich Sprache nicht nur zum Vorteil verändern kann, sondern auch Verluste damit verbunden sind.

# Danksagung

Ich danke vor allem meiner Frau, mit der ich viele Aspekte durchsprechen konnte, bevor ich sie niederschrieb.

Aus meinem Verwandtschafts- und Freundeskreis erhielt ich Unterstützung, auch Anregungen, wie ich die zum Teil umfangreichen Zitierungen der Originaldokumente entschärfen konnte, indem sie durch Erläuterungen unterbrochen werden.

Und für die Redigierung danke ich Dagmar Mahlberg-Gabsch, Andreas Gabsch und Dr. Ulrich Wagner.

Das Geheime Preußische Staatsarchiv in Berlin hat mich dankenswerterweise auch auf Nebenakten zu der von mir angeforderten Hauptakte aufmerksam gemacht, insbesondere die aus dem Geheimen Kabinett Friedrich Wilhelm III.

Und - vorauseilend - danke ich den drei oder vier Käufern dieses Buches.


Klaus le Vrang

# Literaturverzeichnis


C.F. Stephany; Charlotte Ursinus die Giftmischerin „Gattin des Geheimrats Ursinus in Berlin, Enthüllung ihrer Lebenszüge und Schuld"; Berlin 1866

Hitzig Julius Eduard u.a.; Der neue Pitaval; Leipzig 1854

anonym; „Bekenntnisse einer Giftmischerin - Von ihr selbst geschrieben"; Berlin 1803

Joh. Dan. Metzgers, gerichtlich-medicinische Abhandlungen, zweiter Teil, Königsberg 1804

Allgemeines Gesetzbuch für die preussischen Staaten, Berlin, 1821

- GStA PK, I. HA Rep. 84a Justizministerium, Nr. 57430: Giftmörderin Charlotte Sophie Elisabeth Ursinus, geb. von Weiß, Witwe des Geheimen Justizrats Ursinus aus Berlin, 1803 – 1828 ca. 275 Blatt.

- GStA PK, I. HA Rep. 96 A Geheimes Kabinett, Kabinett Friedrich Wilhelms III., Nr. 63 C: [Untersuchung gegen die] Giftmischerin [Sophie Charlotte Elisabeth] Ursinus, 1803 – 1804. 61 Blatt.

- GStA PK, I. HA Rep. 89 Geheimes Zivilkabinett, Nr. 18556: Untersuchung gegen die Witwe des Geheimen Justizrats Ursinus wegen Gattenmordes, 1812-1831, ca. 30 Blatt.

Alfred Ritter von Aeneth, Geschichte Maria Theresia's; vierter Band, Wien, 1870

Otto Krauske, Preussische Staatsschriften aus der Regierungszeit König Friedrich II., Berlin, 1892

J.D. Metzger; Kurzgefaßtes System der gerichtlichen Arzeniwissenschaft; Königsberg u. Leipzig, 1793

Heinrich Merkens; Ausgewählte Werke Friedrich's des Großen; Würzburg, 1874

Osar Dürig; Nacherzählung Geheim-Räthin Charlotte Sophie Elisabeth Cristiane Ursinus , Das Rätsel der Festung Glatz, Ein Roman, den das Leben schrieb"; Glatz 1936